保育と教育に生かす
臨床心理学

高尾兼利・平山 諭 編著

ミネルヴァ書房

まえがき

　保育士と幼稚園教諭，乳幼児を育てる親，これほどまでに「対人関係を仕事の中心にする」営みがあるだろうか。この人たちには，子どもとの人間的つきあいのスペシャリストであることが求められる。そのための概念的理解と実践の方法を提供する。これが，今回のテキストの目的である。子どもとの人間的つきあい。このつきあいに生かせる知見が詰まっているのが臨床心理学である，と考えたい。

　まず，現実の中で臨床心理学がどのように生かされるのか。できるだけ具体例をあげて解説した。「序章　保育と教育の現場における臨床心理学の活用」がこれにあたる。人と人のつきあいでは，こころが中心になる。しかし，こころとは何か。これに答えることは容易ではない。そこで，第1章に「臨床心理学とこころ」を取り上げた。一方，心は脳と不可分である。子どもの脳が変わった，との見方もある。脳の働きの視点から考えた方が納得できる，子どもの行動特徴も少なくない。第2章は「こころの問題と脳科学」とした。子どもはいつまでも子どものままではない。こころは発達する。その時々のストレスに直面しながら成長する。成長・発達はこころが癒されて，うまく成し遂げられる。そうした視点に立って，第3章を「人のこころの発達」とした。その第1節では「癒しと発達」を取り上げている。子どものこころを理解しながらつきあう。この理解がアセスメントであり，充実したつきあいにはこれは欠かせない。第4章を「こころのアセスメント」とした。以上の概念的解説は，その背景をしっかりしておく必要がある。理論を第5章で取り上げた。その際，具体や実際とのつながりを実感できる記述にすることに腐心した。

　第6章からは，できるだけ具体的実態のそのままを記述することに努めた。その前に，概念的世界と実践の世界の橋渡しを考えた。子どもの世界に関するコラム11編を各章のところどころにちりばめた。「昔話の中に宿るもの」「闘う

i

少女たち」「色彩とフォルムが織りなす世界」などがその一部である。

　具体的実態の最初には，「こころの問題」を取り上げた。これを子どもの場合と大人の場合に分けて，第6章と第7章に配分した。攻撃性や暴力に関する問題を厚く解説した。子どもでは，「乱暴な子ども」「引っ込みがちな子ども」，大人では「児童虐待」「ドメスティック・バイオレンス」などについて記述した。続いて，近年の幼児・児童の現場で，一見理解しにくい子どもとされがちな「軽度の発達障害」を取り上げた。最近，なにかと話題性をもつADHDには紙数を割いた。障害の理解に止まらず，適切と思われる関わりについても，積極的に言及した。最後に，まさに実践そのものである「相談」について，実際と実践時の具体的留意点を案内した。第9章を「保育相談と教育相談の実際」とした。

　テキストを活用する人の中で概念と実践がうまく融合して，臨床心理学が保育・教育に生かされることを期待している。これは10年前今回のテキストの前身として出版した『臨床心理学の理論と実践』の期待と同じものである。今回は，同じ期待を込めて，内容をより充実したつもりである。執筆者の方々には，臨床実践で多忙の中，リアリティーあふれる論考をお寄せいただいた。こころより感謝する次第である。

　またミネルヴァ書房の浅井久仁人氏には，寛容に，時にタイムリーにわれわれを励ましていただいた。ここにお礼を申し上げる。

編　者

保育と教育に生かす臨床心理学
目　次

はじめに

序　章　保育と教育の現場における臨床心理学の活用……………　1
　　Ⅰ　保育と教育の最前線………………………………………………　3
　　Ⅱ　ライフサイクルと保育・教育……………………………………　7
　　Ⅲ　保育・教育と臨床心理学…………………………………………　12
　　Ⅳ　臨床心理学の理解から実践へ……………………………………　15

第1章　臨床心理学とこころ……………………………………………　23
　　Ⅰ　こころとは何か……………………………………………………　25
　　Ⅱ　こころの不適応と病………………………………………………　28
　　Ⅲ　こころの癒し………………………………………………………　31
　　Ⅳ　こころと家族そして社会…………………………………………　33

第2章　こころの問題と脳科学…………………………………………　39
　　Ⅰ　こどもの脳が変わった……………………………………………　41
　　Ⅱ　神経伝達物質の話…………………………………………………　43
　　Ⅲ　脳を育てる環境づくり……………………………………………　47
　　Ⅳ　父性と母性を大切にする環境コントロール……………………　49

第3章　人のこころの発達………………………………………………　55
　　Ⅰ　こころの発達のイメージ —— 癒しと発達………………………　57
　　Ⅱ　新生児期・乳児期…………………………………………………　57
　　Ⅲ　幼児前期・幼児後期………………………………………………　61
　　Ⅳ　児童期………………………………………………………………　65
　　Ⅴ　青年期………………………………………………………………　66
　　Ⅵ　成人期………………………………………………………………　69
　　Ⅶ　老年期………………………………………………………………　70

Ⅷ　癒しと発達の現在……………………………………………… 71

第4章　こころのアセスメント……………………………………… 75
　　　Ⅰ　心理アセスメントとは……………………………………… 77
　　　Ⅱ　臨床心理学的面接…………………………………………… 78
　　　Ⅲ　行動観察……………………………………………………… 86
　　　Ⅳ　心理検査……………………………………………………… 89

第5章　心理療法の理論……………………………………………… 99
　　　Ⅰ　来談者中心療法………………………………………………101
　　　Ⅱ　遊戯療法………………………………………………………102
　　　Ⅲ　絵画療法………………………………………………………108

第6章　こころの問題Ⅰ──子どもの場合…………………………113
　　　Ⅰ　乱暴な子ども…………………………………………………115
　　　Ⅱ　集団行動が苦手な子ども……………………………………120
　　　Ⅲ　食べることの問題……………………………………………124
　　　Ⅳ　排泄の問題……………………………………………………125
　　　Ⅴ　不登校（園）…………………………………………………127
　　　Ⅵ　チック症………………………………………………………131
　　　Ⅶ　PTSD（心的外傷後ストレス障害）………………………132

第7章　こころの問題Ⅱ──大人の場合……………………………135
　　　Ⅰ　暴力の問題──児童虐待……………………………………137
　　　Ⅱ　暴力の問題──DV（ドメスティック・バイオレンス）…141
　　　Ⅲ　強迫の問題……………………………………………………144
　　　Ⅳ　精神分裂病（統合失調症）…………………………………147
　　　Ⅴ　躁うつ病（感情障害）………………………………………150

Ⅵ　境界人格障害……………………………………………………151

第8章　軽度の発達障害……………………………………………157
　　　Ⅰ　ADHD（注意欠陥多動性障害）…………………………………159
　　　Ⅱ　AS（高機能自閉症・アスペルガー症候群）……………………160
　　　Ⅲ　LD（学習障害）……………………………………………………164
　　　Ⅳ　臨床の方法…………………………………………………………167

第9章　幼稚園・保育所での相談活動に何が必要か……………173
　　　Ⅰ　何のための相談活動か —— 意義と役割………………………175
　　　Ⅱ　関わりをもつための面接 —— 相談活動の実際………………179
　　　Ⅲ　医療・こころの専門家との連携…………………………………185

索　引

序　章

保育と教育の現場における臨床心理学の活用

　幼稚園（保育園）の運動会。主役は走る子どもである。一生懸命な姿がうれしい。周囲では保護者が応援したり，写真を写したり，ビデオカメラを回している。その対象は『わが子』である。わが子が応援に応えて，うまく演技をしたり，一等だったりしたときは，心が躍る。わが子の写真がうまく撮れたら何よりの思い出となる。そのわが子の一枚がこれである。

臨床心理学の概念を保育・教育の実践にどのように生かすか。まずは「生かすこと」を意識することから始めたい。単に理解するのではなく，その先に実践の中で臨床心理学の概念が生きることを目的に学習することを勧める。

　この章の冒頭では，子どもと保護者の日常を紹介する。この日常を臨床心理学の視点から理解するとどのような意味が見えてくるのか。これまでに見えなかった意味が一つでも加わることを期待する。臨床心理学を一通り学習した後，この日常に再度触れるとまた異なった意味が見出せるかもしれない。

　次に，保育・教育の実践者，これを目指す実践者の卵に求められることを取り上げた。人間関係を実践の中心にする専門家は，自らが問われなければならない。これを具体的なレベルで取り上げた。さらに，実践者の成長に触れることにした。アイデンティティとライフサイクルを鍵概念として理解を深めることを期待する。

　最後に，心理学の中での臨床心理学の特徴を踏まえた上で，臨床心理学と保育・教育の実践との共通点を指摘し，両者に共通して，実践と研究の繰り返しが実践者の成長を促すものととらえ，研究の意義と方法を臨床心理学に求めて解説した。

キーワード

・子どもと保護者の日常　・臨床心理学的意味　・実践者としてのアイデンティティ　・実践者としてのライフサイクル　・事例研究

I 保育と教育の最前線

これから，保育と教育に関連する具体的情景を紹介する。具体的に起きている事である。これらのことは，いたるところで臨床心理学の知見により理解できるし，臨床心理学が関わりの方向性や具体的方法のヒントを提供してくれるものである。

1 子どものこと

(1) 日常の風景

穏やかに健やかに過ぎていく。これが子どもの日常でもある。その中で子どもは自然に成長していく。劇的なことだけが最前線ではない。次に示す子どもの姿も最前線の一つである。ある幼稚園の4歳児に最近観察された情景である。この日常の中に，子どもの心が何を楽しみ，何を求めるものか，発見してほしい。

>「運動会が終わった次の週に，4歳児達が運動会で頑張ったリレーを再現していた。運動会の時と同じようなコースを子どもなりに線引きして，走る順番を変えたり，メンバーを変えたり，応援をして楽しんでいた。また，ある子どもは保護者になって応援していた。そのうち5歳児の集団も加わり，これに混じって自分たちの運動会を楽しんでいた。保育者は，応援の一員として参加し，見守った。」

楽しかったことを再現する。子どもはその中でどんなことを体験するのであろうか。これを誰にも干渉されずに，自分たちの思い通りに再現できることが，子どもに何をもたらすのだろうか。ここで保育者はどんな意味をつかんだのだろうか。

(2) 気になる子ども

止まらない子どもがいる。手加減しない子どもがいる。泣き出したら1時間でも2時間でも泣きやまない。他者を身体的に攻撃する時手加減しない。まる

で人を物のように攻撃する。しかも際限なく繰り返す。頼まれて，ある幼稚園の相談に私がのった。その時の情景である。これはまさに現代の負の最前線である。

　「教室に行くと，『仮面ライダー，キック!』と言って，真っ先に私に近づいた。私はこの子だなと思った。このキックを上手くかわしたり，時に食らったりしながら，どこまで続くかと考えながら，この攻撃が鎮まるのを待った。時にこれを制止しようとの気持ちも生まれたがついに実行しなかった。結局降園の時間が来て，この攻撃は終わった。ゆうに30分間は続いたのである。」

　幼児虐待が取り上げられて久しい。この子どもは，実の母親に身体的な虐待を受け続けていた。母親は自らも虐待を受けて育っていた。これを知った上で保育者はこの母親と関わりをもつことになった。虐待を受けていることと際限のない攻撃との関連をどのように理解すればいいのか，その上でこの子どもにどのように関わればいいのか。保護者との関わりはどうか。まさに対人関係能力が求められるところである。

　現在の子どもは，誕生の時から，テレビを見ている。その影響はどんな所に現れるのだろうか。"クレヨンしんちゃん化した子"についての久田（2000）の論評を紹介する。

　「保育園でしんちゃん化した子どもに『くそばばあ』って呼ばれて，落ち込んでいたお母さんがいたんです。その子は，しんちゃんが『くそばばあ』って言う時のシチュエーションはテレビで学習したかもしれないけど，その言葉がどういうふうに人の心に響くのかとか，それが自分にどうもどってくるのか，自分がどう見られるのかということはわかっていない。そこまではテレビでは学べない。」

　ではどこで学ぶことになるのか。どのように教えていくべきか。またテレビの影響をどのように位置づけるべきか。専門家として，その人なりの見解が求められる。

2　保護者のこと

(1) 保護者どうしのつきあい

　30代の保育者が私に教えてくれた。子どもどうしのけんかで最も苦労するのは，保護者間の調整である。謝ることができにくい人がいる。保育者がけんかを未然に防ぐことができなかったことばかりを責めて，傷を負わせた子どもの保護者に謝れないのである。一方，謝られても，それを受け入れない，許せない保護者が増えてきた。また，子どものけんかが保護者の間で尾を引いてしまうことが少なくない。こうした保護者は心の中で何を体験しているのであろうか。両者の調整をうまく進めるには，どんなことに留意すればいいのであろうか。

(2) 保護者の日常

　母親の日常はどんなものか。「幼稚園のお母さんたちの生活，こんな具合」として，大日向（2000）が次のように紹介している。

　　「朝の9時に子どもを園に置いて，お帰りの時間までファミレスや喫茶店でお友達どうしで待っている。（子どもが帰ってきたら）児童センターのようなところで子どもたちを遊ばせたり，スイミングスクールに通わせる。そこもまたみんな一緒に行くわけです。ですから9時半から5時，6時ぐらいまでずっと子ども中心に，特定のお母さんたちと行動を共にしている人たちが少なくないようです。」

　このようなつき合いをしていたら，人間関係はどうなっていくのか。この母親たちは何を求めて，こうした過ごし方をしているのだろうか。

　一方保育園では何が起きているのか。ある保育士の投稿（『母の友』2000年4月号）である。

　　「保母をしていると，子どもを親の生活に合わせて動かしている家庭が気になります。（中略）迎えに来て園を出たあと家にまっすぐ帰らず，あちこち寄って帰ったり，だから外食が多くなったり，子どもがそれで喜んでいるんだから自分も楽だし，それでいいんじゃないかという考え方なんですが，ひっぱり回される子は安定しません。」

こうしたことがわかっても，保育者が保護者に伝えることは容易ではない。伝え方に一定の熟練が求められるところである。まず身に付けるべき能力は何か。

保護者は何も母親だけではない。最近の父親（安藤哲也氏，書店員，39歳）の断片を紹介する。

> 「保育園の送り迎えが好きだ。とくに夕方のお迎えはワクワクする。（中略）こんな楽しいことを妻に独占させるなんてもったいない！　と僕などは思うのだが，保育園を見ていると父親の姿はほとんど見ない。まあ普通の会社員の就業時間を考えると，夕方のお迎えは無理なのかもしれない。でも本当にそうなのだろうか。
> 　僕の場合，あらかじめ『火曜と金曜日はお迎えがあります』とアナウンスしておいて，（中略）お迎えのある日は早く仕事を片づけるように朝から心がけたし（中略）実績を残すよう昼や深夜の仕事に励んだ。」（朝日新聞，2002年8月30日朝刊）

この父親と普通の会社員の父親とはどこが違うのだろうか。父親アイデンティティという言葉が浮かんでくる。

3　保育・教育のプロのこと

(1)　コミュニケーション能力の習得

文部科学省の『幼稚園教員の資質向上について』（2002年6月24日答申）によると，新任教員・若手教員に対する研修を次のように強調している。

「まず，幼児理解や保育に必要な基本的知識及び技能を高めるとともに，他の教職員や保護者とのコミュニケーション能力を習得することが求められる。」

注目したいのは，研修によるコミュニケーション能力の習得を謳っているところである。これは，保護者や同僚との人間関係に悩まされることが少なくない現状を反映したものと思われる。実際，この苦悩，特に同僚との人間関係が転勤や転職の主な動機となっている。コミュニケーションについて臨床心理学から学べるところは少なくない。

(2)　基本的な生活習慣の見直し

コミュニケーション以前の問題も指摘されている。たとえば，ベテランの保母の投稿（『母の友』2000年4月号）である。

　「赴任したての若い保母に，社会に出る前に身につけておくべき基本的な生活習慣ができていない人が目につきます。掃除の仕方，雑巾の絞り方，紐の結び方，洗濯の仕方など，まずそれを教えないと子どもの生活で必要になってくることだから，保育そのものに入れないのです。」

学生からプロへの変化。すなわち，育てられる立場から育てる立場へ，この転換は大変なことである。この転換をしっかり意識し，育てる側から自らの基本的生活習慣を見直し，修正することが求められる。"人間は自分を意識できる"からこそ，修正ができる。

II　ライフサイクルと保育・教育

国家資格を取得したら，一人前であることが求められる。まずは，自分が自分自身に求めるべきである。しかし，最初から一人前の保育者・教育者であるのか。そんなことはない。次第に一人前になっていくのである。子どもを産むことと親になることの関係に似ている。今年で定年退職するベテランにも等しく新採の時があった。人はこうした変容を意識できる。結局は死で終わることも意識できる。人間だけが，自らの死を見通しながら生きているのである。ライフサイクルを考える時，先を見通す，結局は死を見通す視点が，大切である。この視点は，保育・教育に関わる人々に対する理解を深めてくれる。子どもや親を中心にした，ライフサイクルについては第3章「人のこころの発達」で取り上げる。ここでは，保育者・教育者の場合を考えていく。

1　保育・教育の実践者または学習者としての自分を意識すること

「霧のようなアイデンティティ」（鑪, 1997）を生きる。自分の生き方をあまり意識しないで，周囲に自分を合わせるやり方で時を過ごし，やがて死を迎え

る。安全な生き方である。一方,自分の生き方をしっかりと意識し,これを選び取り,周囲に合わせるより,自己の理想を実現しようと努める。安全より満足や充実を優先させる生き方であり,陰影の濃い生き方である。私たちはどちらに偏るのであろうか。保育・教育の実践者としての自分を意識する時,まずはこうしたことを考えたい。

　私たちを保育や教育に向かわせるものは,一体なんであろうか。保育者になろうとした動機を尋ねると,意識できる動機はおおむね2種類である。一つは子どもが好きだから,子どもといると楽しいからだ,というものである。もう一つは,自分が子どもの時の保育者,教育者のようになりたいと思ったからだ,というものである。「自我同一性はすべての各同一化の漸進的な統合から発達する」(エリクソン,1974)。このことがそのままあてはまる事態といえる。ただし,その実質は個人差が小さくない。各人できるだけ,自らを保育・教育者に向かわせるものについて言葉にしておくことが必要である。

2　保育や教育の実践者になるまでのこと

　受精に始まる私たちの命が,胎児期,乳児期,幼児期,児童期,思春期,そして青年期と成長していく。一般的には青年期の段階で自己の職業を選択して,その学習を始める。私たちは,胎児期から青年期までのいろいろな体験,特に人間関係体験の影響を受けて,学習すべき学校を選択している。まずはそれまでの人間関係体験をできるだけ明らかにしたい。その影響は一つではなく,言葉にできるレベルに限られない。なぜか知らないが,保育者になりたい。それでも構わない。その選択に際して,自己の選択を一度は疑い,真剣に考えぬき,迷い抜いた結果の結論とすることが肝要である。これを経て,自我同一性の感覚,すなわち「たしかな未来に向かっての有効な歩みを今自分は歩みつつあるという確信」(下山,1990)が生まれる。こうした確信を土台にしながら学習を重ねることになる。しかし,時に,たとえば実習で研究授業がうまくいかなかったときに,この感覚が薄れたり,危うくなることは少なくない。こうした危機を経ることで,さらに厚い自我同一性の感覚が育つことになる。薄くなった

り，危うくなったりすることは一概に無駄なことではない。また，青年期に始まった自我同一性の確立は生涯続くことでもある。

　学習の過程で，実践者としての自己像が形作られてくる。さまざまな現実と直面しながら，時に厳しい他者評価にさらされながらも，実践の核となる自らの得意分野の習得と，過去を掴まえ未来への自己像を描くことにより，実践者としての自己評価が安定したものとなる。まずは，他者からの評価を謙虚に受け入れる心の力が必要となる。

3　保育や教育の実践者になってからのこと

(1)　仕事と家庭のこと

　保育，教育の仕事は，教育的関係を「世代性という次元で保つ」（鑪，1971）ことが求めらる。子どもを思い通りに動かすことに満足を覚えたりすることとは正反対の，次の世代を「生み」かつ「育てる」ということである。自己満足への偏りは心の発達の「停滞」を招きやすい。世代性とは，自分のことは置いて，子どもの成長そのものを喜べる心の成熟のことである。そのためには，「他人から必要とされることを求める」（エリクソン，1971）心が十分に育っている必要がある。エリクソン（Erikson, E.）によれば，こうした成熟は中年期の危機を経て，自らのものとなる。こうしたことに大学を卒業して間もなく直面させられる。ここに，私たちの仕事の特徴がある。

　一方，実践者になるための学習を終える頃，次第に新しい家庭を築く準備，すなわち結婚の準備が始まる。「結婚は恋愛とちがい，現実との対決であり」「夫婦は互いの存在のために，おのおの多少とも身をけずることが要求される」（神谷，1974）。女性の場合，配偶者や子どもとの関係を大切にするあまり，自らの身をけずって，自己の職業の中断につながることが少なくない。その大多数が女性の勤める私立幼稚園の平均勤続年数は全国平均で6.8年となっている（高濱，2001より引用）。女性の職業の中断は社会環境，制度等の影響も小さくないが，女性は男性に比べて，自分にとって大切な人と「親しむこと」や「関係すること」で自分らしさを実感する傾向が強いからだと思われる。結果

的に職業の中断が自己を見失うことにつながるのか、自己の充実につながるのか、どちらに傾くかは個人差が大きい。一概に論じられない。たとえば、神谷（1974）の紹介する女性では次の通りである。大学を最優秀で卒業した研究者の女性が、熟慮の結果結婚と同時に仕事をやめた。その後出産し、子育てに満足そうにいそしんでいる。「この人の場合には、母親になってみて初めて自己の本質にめざめ、これこそ自分のアイデンティティであると自覚したにちがいない」。このような女性を紹介している神谷自身は、3人の子どもを育てながら自己の職業を全うしている。他方、結婚や出産で職業を中断した人の中には、「わが子を愛せない」で、仕事を継続している女性人への羨望に苦しむ人もいる（武田, 1998）。

　男性はこの反対であり、職業生活へのコミットメントは早期に達成されるのに対して、家庭生活における親密性の形成が遅れる傾向がある（下山, 1990）。

(2) 実践者としての成長

　保育、教育の実践者としての変化はどうであろうか。実践者の卵の段階、初任者の段階で、実践者の成長について見通しをもっておくことは、実践者の自尊心や学習の意欲につながると思われる。高濱（2001）の研究「保育者としての成長プロセス」を引用、参照しながら、理解を広げることにする。

　これまでの研究で、保育の中で重視する事柄については、「経験年数が長いほど子どもの発達に関する基本的知識を重視し、経験年数が短ければ現場実践的な保育技術を重視することが明らかになっている」。目の前の子どもに関わる。経験が浅いとこれにエネルギーを注がざるをえない。そのために実践的な保育技術、たとえばペープサートの実践技術、新しい歌遊び、運動遊びを重視する、これを身に付けるための努力をいとわない。保育者として当然のことである。この現場実践的な保育技術は3年から5年間で身に付く。しかし、保育がほどよくなされるかというと、そうはいかない。というより、不足している部分が自ずと見えてくるようである。保育者に積極的に関わってくる子どもに関心が向けられていたのが、経験を経るにしたがって、「抑制的な幼児や対人関係的に未熟な幼児に関心が向けられる」ようになる。こうした関心の移行が

なされる場合となされない場合がある。抑制的な幼児や対人関係的に未熟な幼児は保育者が関心を積極的に向けて関わらない限り，放任しておいても，波風立てずに無事に過ごし，その時は何も問題は起こらない。同時に保育者の側にも何の変化も生まれない。ここで，保育者としての成長が「停滞」することになる。さて，関心の移行を促すのは，保育者の知見と子どもの成長に対する好奇心ではなかろうか。関心の移行は，保育者の世代性をますます深めることにつながる。子どもの成長への好奇心（ウィニコット，1993）は保育者の成長にとって不可欠と思われる。

　また，指導法については，「経験にともなって意図的，指示的な方法から，見守り，支持する受動的な方法へと変化する」。換言すれば，保育者と子どもの関わりが，保育の経験が重ねられると，より相互的なものに変化していくことを示している。この相互性こそが子どもの成長を真に促し，同時に保育者の心の成熟を促すと思われる。

　新しく明らかにされたところでは，5年以上の経験を重ねた保育者の中には，「その場の対応の適不適だけでなく，そのような対応がその後の幼児の状態にどのような効果をもたらすのか，あるいはそのような対応がどのような面に波及するのかを予測している」者が少なくない。いわば「見通しをもった」保育が可能になるのである。これは，心理臨床の実践の中で重視される，「見立て」（土居，1977）の行為に通じるものである。こうなると，心理臨床の実践と等しく，保育の現場においても仮説検証型の実践が可能になり，保育者一人の成長を越えて保育全体の質の向上が期待できることになる。そのためにも，まずは，個々の保育者が仮説検証の結果を言語化するように努めることが望まれる。

　「人間としての生き方そのものが保育であることを痛感する。自分がどう生きるかという生活すべてがあらわれる。幅を広げるような勉強も必要だと思う」。これは勤め始めて14年目を迎えた保育者の言葉である。この意識は，保育を味わい深いものにするし，子どもたちにも充実した保育を提供できるように思われる。すなわち成長を続ける保育者であればこそ，子どもの成長をうながすことができると思うからである。文部科学省の資質向上に関する報告書

(2002)においても,その副題は「自ら学ぶ幼稚園教員のために」となっている。これはベテランの域に達して自然と内面から生まれる心情であり,経験年数の少ない実践者は一つの目標とすべきことのように思われる。

Ⅲ　保育・教育と臨床心理学

1　心理学の中の臨床心理学

　近代の心理学は,実験心理学で始まった。一般的に,ヴントの実験心理学研究所の創設を起源にしている。1897年のことである(大塚,1992)。こうした出発点を持つ心理学は,人の心を固定し,対象化し,実験を通じてその実態に迫ることを求めていった(河合,1995)。この傾向は,物質を対象にした自然科学の急速な発展と同時進行し,自然科学が対象とした物質と同様に,厳密な条件統制のもとに再現可能なものとして心を明らかにしていこうとするものであった。こうして明らかにされた人の心は,条件さえ同一であれば誰にもあてはまるものとして信じられたようである。果たして,人の心はそうしたものであろうか。

　一方で,心に悩みを抱え,現実とうまく折り合えない人を相手にする人たちがいた。こうした実践の中から積み上げられて来た知見の体系が臨床心理学である。わが国に最も大きな影響を与えたアメリカの臨床心理学が確立されたのが,1950年代である。そこでは当初から「実際のクライエントとの心理療法の過程からその知見を得てきた。思索的な仮説が設定されていても,それは心理療法の実践から検討され,説明されないかぎり,その有効性は肯定されない。心の解明は心理臨床の実践活動から,帰納的に得られてきたものである」(東山,2002)。こうした実践では,解明の対象と解明する側とを切り離し,その心を固定して客観的に測定することは不可能に近い。解明する側と解明される側の相互の援助的関わりの中から生まれた事実を素材(臨床素材)として,人の心について解明を進めていくことになるのである。実験心理学とは対照的である。アメリカ心理学会の包括的な定義では「臨床心理学とは,科学,理論,実

践を統合して，人間行動の適応調整や人格的成長を促進し，さらには不適応，障害，苦悩の成り立ちを研究し，問題を予測し，そして問題を軽減，解消することを目指す学問である」とされている。ここでは臨床心理学の目的が的確に記述されている。まずは，臨床心理学の特性と目的を理解したい。さらに下山(2001)が指摘するように臨床心理学は，こうして実践を念頭に発展成長してきたために，その最も重要な特徴が「さまざまな多様性や異質な要素を含む」ことを忘れてはならない。たとえば，1996年度から始まったスクールカウンセラー派遣事業の実践の中で，「学校を一つの有機体とみなし，内部の力動と対外的な力動を全体として捉える視点」(倉光, 2002)で，学校も臨床心理学の研究対象になりつつある。幼稚園，保育園，児童福祉施設も，実践研究の対象になりうる。こうしたことはこれまでになかった視点である。

2 保育・教育の中の臨床心理学

乳幼児に対する保育・教育の実践と心理臨床の実践は，他の教育活動，たとえば学校教育と比較して，両者は似ているところが少なくない。

まず，子どもと実践者の関わりそのものが，そのまま活動の中心になっているところが共通している。心と心のぶつかり合いそのものが，乳幼児の保育・教育であり，心理臨床の実践である。実践者が既知のことを子どもに教えることが，実践の中心となる活動になっていないのである。学校教育では既知の伝達が中心となっている。どのように伝えるか，その方法すなわち教授法については，人間関係についての知見が必要になるが，教育の中心は既知の伝達であることにかわりはない。ただし学校教育の中で，教科教育外のこと，特に最近問題が深刻化している不登校の児童生徒に対する関わりでは，先生と子どもとの関わり自体が教育的活動の中心となる。一方乳幼児の保育・教育の中でも，実践者にとって既知の事を教えなければならないことがある。基本的生活習慣や子どもの文化に関することを伝える必要がある。また，心理臨床の実践でも必要に応じて子どもに教えることもありうる。ただしその時でも，お互いの関係を重視していることを忘れてはならない。また，臨床心理学では幼児がこれ

までできなかったことを，大人の指示に従って取り入れることが大変なエネルギーを必要とすることを警告している（ウィニコット，1993）。

幼稚園教育要領や保育指針が取り上げている事項を見ると，次の項目が目につく。「環境を通しての保育」「主体的活動の展開」「遊びを通しての総合的指導」「発達相互の関連性の重視」「幼児の豊かな心情を育てる保育」「主体性や自立心を育てる保育」「人と関わる力，社会性を育てる保育」などである。環境の中心の一つが実践者そのものであり，主体的，遊び，発達相互の関連性，豊かな心情，自立心，人と関わる力，これらのほとんどは心理臨床の実践の中で，実践者が留意すべき事柄として取り上げてきたものである。

やはり，最大の共通点は両者に求められる態度である。「温の一字，保育の意義を尽くすというも過言ではあるまい。凝ったものを解き，閉じたものを開き，縮んだものを伸ばし，萎びたものを張り，一切の命を進展させる」。「いそいで大人のような精進感を起こさせようとすると，無理になる。子どもが自分で自分の精進感を満たしたくなるときがある。そこを見落とさないようにしなければならない」。これらは，幼児教育実践の柱を作り上げたとされる，倉橋惣三の言葉として，坂元（1986）が伝えていることである。これらの考え方は，カウンセラーのあるべき態度の比喩として用いられる『北風と太陽』の太陽に連なるものであり，待つことの大切さに通じるものといえる。また，子どもの目線に立った保育・教育を心掛けることは，いわば幼児教育の常識になっている。これは子どもの心理臨床の実践の中でも同じことである。「子どもがセラピストと対等な人間存在であることを認めないと子どもの心理療法はできない。なぜなら，子どもはそのようなセラピストと関係をもとうとしないからである。（略）このような対等で無礼でない大人に対しては，子どもを対等として見ない大人より，はるかに自分の心を開いて接してくれる」（東山，2000）。さらに，子どもに対する畏敬にも通じる感覚も両者に共通したものかもしれない。「大人は子どもをどこか与しやすい，と無意識に考えやすい。だがこの世的フィルターをかけないからこそいっそう，子どもはことの本質を鋭く感知するものである」（村瀬，2000）。これは「子どもの心理臨床の今日的課題」の中の一文で

ある。こうした感覚を維持・深化させることは，乳幼児の保育・教育に関わる専門家にも求められる。

以上見てきたように，両者の共通点は少なくない。しかし，実践の環境が異なることは明確にしておきたい。心理臨床は基本的にその相手が一人であること，関係が展開されるのは閉じられた場であり，時間にしっかりした制限が設けられていること，しかも週に1度が一般的とされるように時間的な間隔をもって関わること，ただし前もっての期間の限定はなされないこと，心理臨床の中で展開された内容は秘密にされること，こうしたことは，乳幼児の保育・教育とは違っている。この違いを理解した上で，臨床心理学のもたらす知見を実践に生かすことになる。

Ⅳ　臨床心理学の理解から実践へ

1　臨床心理学的理解を実践に生かすための前提となるもの

保育・教育の実践では日々の人間関係が仕事の中心の一つとなる。子どもとの関わり，保護者との連絡，同僚や管理職とのコミュニケーションが求められる。私たちは20年余りの間に身に付けた，人間関係の能力を頼りにこれに対応することになる。これは専門的に訓練された能力とはいえない。しかし，職場での多少の人間関係の行き詰まりは，この能力で解決できる。たとえば子どものけんかやいじめ，保護者の誤解や干渉，管理職との保育観の違いなどは日常的な事である。この時実践者は小さなストレスを体験しながらも，解決していくものである。

ただし，この対応や解決の仕方は実践者各々で異なっており，そこには個人的傾向が見られる。このことをまず意識することから，臨床心理学の理解と実践すなわちその活用が始まる。普段は個人的傾向を意識せず，自然にこのやり方は他の人のやり方とそんなに違ってはいないと感じていることが少なくない。たとえば，ある実践者は二人の子どものやり取りを「いじめ」とは理解せずに，何も気にせず，二人の間に介入しなかった。しかしこの事態は，他の実践者か

らすれば明らかに「いじめ」が感じ取られ，介入を必要とする事態であると感じられる。いじめと感じるかどうかに個人差がある。また保護者の要望が現実離れしていて，自己中心的と他の人からは判断されるにもかかわらず，ある実践者は自分の不適切な対応が原因でこのような事態になっていると判断して，保護者の要望に一生懸命に応えようとする。解決困難な事態として表面化することはどちらもない。しかし，子どもの心の発達にとって，また保護者への関わりとして，どちらが望ましいかは検討されなければならない。その時このことを，「私と同じように誰もがしている」と気づかないでいるのか，これは私に固有のことではないのかと意識するのとでは，保育・教育の質が異なってくる。

　この保育者自身の個人的特徴を少しでも意識できるようになるためには，まずもって，自己の体験したことを誰か他人に意図的に話すことを勧めたい。その話の中で，自然に自己の事を振り返り，その特徴が把握されるようになる。自己の特徴がわかるようになれば，よりよい関わりを試すようになると思われる。

　次に臨床心理学で学習した概念を実践にどのように生かすかが問われることになる。実践に生かすための第一段階として，学習した概念を自己の体験と結びつけることを勧める。たとえば，愛着の概念を自己の体験と結びつけるとすれば，どんな体験が思い浮かべられるだろうか。このような関連づけの繰り返しが，保育・教育の具体的場面を，学習した概念で理解し実践に生かそうとする時に役に立つと思われる。

2　通常の保育・教育と個人的配慮を要する保育・教育

　臨床心理学の概念を保育・教育に生かすとき，その事態を二通りに分けて考えた方が理解しやすい。すなわち，子どもたちが比較的スムーズに生活し，学習をしている事態とこれとは逆に特別に取り上げて考え，理解し，個別的に関わるべき事態の二通りである。

　前者の事態では，保育内容や教科の教育・保育の中に，臨床心理学的視点を

意識して，溶け込ませることになる。たとえば，「課題の達成は，その過程での人間関係が，その子どもの人間に対する感覚に影響を与える」とか，「自己の言い分を他人に聴いてもらうことが，その時の感情を和らげる」。こうした理解を，遠足の思い出を画用紙に表現させる時やけんかした子どもと関わる時に活用し，実践に生かすことになる。

　後者は臨床心理学の提供する理解がそのまま活用される事態である。活用の前に，次のことを意識しておく必要がある。一般に，実践歴の短い場合は，実践者に解決が困難と感じられたり，多大なエネルギーを要する事態に対して個別的理解と関与が必要であると判断される。一方10年を越える実践者では，子どもの将来が案じられる事態に対して，その必要性を感じるようである。個別的対応を必要とするかどうかについて，経験の長短や個人差が影響する。たとえば，従順で自己主張が少なく，他の子どもとの関わりが少ない子どもには，ベテランになるほど個別的な配慮の必要性を感得すると思われる。

　個人的関与が必要とされる事態，たとえば実践者のちょっとしたしぐさに怯えて，虐待を受けていると思われる子どもに対応する場合は，理解した概念をあてはめることから始められる。臨床心理学を学習する中で，虐待を受けた子どもの心理や虐待した者の特徴，さらに関与の方法を理解し，これを実践することになる。その時，実践者の立場をできるだけ明確に自覚しなければならない。関わりの中心は子どもとの関わりであること，保護者と関わる場合は所属する職場の管理者の基本的考え方と矛盾しないようにすることが必要となる。さらに，臨床心理学の専門家との連携を念頭に関与することが求められる。その連携の中でこそ臨床心理学の概念がより有効に生かされると思われる。

3　理解と実践の深まりと進展

　実践の深まりと進展には，研究が必要である。臨床心理学の研究の中心となる事例研究と保育・教育実践での研究は共通点が少なくない。そこで，事例研究に関しての記述を参考にして，実践研究のあり方について紹介する。事例研究に関しては『事例研究方法論』（鑪・名島，1991）を参考にした。引用は，こ

の論考からのものである。

　実践は同じ事を繰り返しているようで，日々新しい。この意識が実践の深まりと進展を促す。昨日の実践者と今日の実践者は必ず違っている。子どもは実践者以上に変化するし，発達する。実践者と子どもの関係は常に新しいし，実践は新しく生まれては消え，消えては生まれていると思われる。それらの実践の積み重ねの中で，実践者の心に強く印象に残った事態を心に止めておくようにしたい。この記憶こそが実践研究の素材になる可能性が高い。それは多分に「相手の中に，内側に入って相手の内的世界までつかまえ」ようとする試み（中村，1986）の中で現れたものだからである。

　この素材の累積が研究の一次資料となる。それは鑪・名島（1991）が臨床心理学の場合について記述しているように，「常に不鮮明で，混沌として，不純で，1対1の対応を欠き，曖昧で，観察事実としての資料というより観察者や研究者の推論に満ちた資料である」といえるかもしれない。こうした特徴をもった資料であることを自覚したうえで，これを活用に値する研究の素材にしていかなければならない。

　またこの素材は主に，一人の実践者と一人の子どもとの関わりの経過を基にしている。一人と一人のことでわかったことが，別の実践者と別の子どもとの間での実践に有効に活用できるのか。すなわち，事例研究で探求されたことの意義が問われることになる。「一個人の全体性を損なうことなく，その個人の世界を探求した結果は，臨床家が他の個人に接するときに共通のパターンあるいは型を与えるものとしての普遍性を持つ」（河合，1986）。この臨床家を保育・教育実践者と置き換えて考えておきたい。ただし，個人の全体性を損なうことなく，その世界を探求できるか，が問われるところである。子どもとの個人的関わりでは，子どもと実践者の全体性を損なわないようにしたい。

　最後に，実践者の心に強く印象づけられた現象を素材として収集した後に，研究に有用となる資料として的確に選択しなければならない。この選択を可能にするのが「観点」である。この観点が「事例を意味あらしめるために決定的な働きをする」のである。実践者がどのような観点をもちうるのか。これこそ

が，実践者になるために学習した概念と実践を常日頃から関連づけるものと思われる。こうした観点により選択された資料を基に実践に有用な研究をしていくことが，実践者の深まりと進展を促すものと思われる。

引用文献

（1） ウィニコット，D. W.（井原成男・斉藤和恵訳） 両親に語る 岩崎学術出版社 1993。
（2） エリクソン，E. H.（鑪幹八郎訳）洞察と責任 誠信書房 1971。
（3） エリクソン，E. H.（小此木啓吾監訳）自我同一性 誠信書房 1974。
（4） 大塚義孝 臨床心理学の歴史と展望 氏原寛他（編）心理臨床大事典 培風館 1992 Pp. 7-12。
（5） 大日向雅美 ハウツーではもう乗り切れない 母の友 564号 福音館書店 2000 P. 32。
（6） 神谷美恵子 こころの旅 日本評論社 1974。
（7） 河合隼雄 心理療法論考 新曜社 1986。
（8） 河合隼雄 臨床心理学概説 河合隼雄監修 臨床心理学 創元社 1995 Pp. 3-26。
（9） 倉光修 スクールカウンセリングの実際 （財）日本臨床心理士資格認定協会（編） 学校臨床心理士の活動と専門性 （財）日本臨床心理士資格認定協会 2002 P. 45。
（10） 坂元彦太郎 倉橋惣三・その人と思想 フレーベル館 1986。
（11） 下山晴彦 青年期後期と若い成人期—男性を中心に 小川捷之他（編） 臨床心理学大系 3 ライフサイクル 金子書房 1990 Pp. 142-162。
（12） 下山晴彦 臨床心理学とは何か 下山晴彦他（編） 講座臨床心理学1 臨床心理学とは何か 東京大学出版会 2001 P. 17。
（13） 高濱裕子 保育者としての成長プロセス 風間書房 2001。
（14） 武田京子 わが子をいじめてしまう親たち ミネルヴァ書房 1998。
（15） 鑪幹八郎 精神分析と発達心理学 村井潤一（編） 発達の理論 ミネルヴァ書房 1971 Pp. 147-213。
（16） 鑪幹八郎・名島潤慈 事例研究法論 河合隼雄他（編） 臨床心理学大系1 臨床心理学の科学的基礎 金子書房 1991 Pp. 271-285。
（17） 鑪幹八郎 ライフサイクルにおける老年期のアイデンティティ 鑪幹八郎他（編） アイデンティティ研究の展望 Ⅳ ナカニシヤ出版 1997 P. 25。

(18) 土居健郎　方法としての面接　医学書院　1977。
(19) 中村雄二郎　事例研究とは何か─哲学の立場から　心理臨床学研究　3巻　2号　1986　Pp. 5-37。
(20) 東山紘久　子どもの心理療法の諸技法とその特徴　安香宏他（編）臨床心理学大系 20　子どもの心理臨床　金子書房　2000　Pp. 15-36。
(21) 東山紘久　クライエント／スーパーバイジーからみた心理療法の本質　東山紘久（監修）体験から学ぶ心理療法の本質　創元社　2002　Pp. 5-11。
(22) 久田恵　クレヨンしんちゃん化した子がなくしたもの　母の友　565号　福音館書店　2000　P. 30。
(23) 村瀬嘉代子　子どもの心理臨床の今日的課題　安香宏他（編）臨床心理学大系 20　子どもの心理臨床　金子書房　2000　Pp. 2-14。
(24) 文部科学省　幼稚園教員の資質向上について─自ら学ぶ幼稚園教員のために─　2002。

（高尾　兼利）

序　章　保育と教育の現場における臨床心理学の活用

コラム

小説と臨床心理学

　臨床心理学を最も直接的に活用する仕事にカウンセリングがある。そのカウンセリングを続けていると，さまざまな質問を受ける。「悩んでいる人の話を聞いて疲れませんか。どちらかというと暗い話でしょう，うまくいかない話ばかり聞いて嫌になりませんか」。こうした質問は，年に数回受ける。しかも毎年，新しく知り合った人に必ずといっていい程，同じ質問を受ける。私はもともと人の話を聞くことが好きな方で，聞くことを苦痛に感じることはない。しかしよく考えてみると，暗くてうまくいかない話は楽しくは聞けないような気になってくる。果たしてどうだろうか。

　ある時，もう10年以上も前のことである。強迫神経症の精神分析的心理療法を丁寧に続けて，治療効果をあげておられるカウンセラーのことを聞いた。先の質問と同じ質問に対して，その人は「そんなことはほとんどありません。クライエントの話を聴くことは，私にとっては小説を読むのに似ているからです。毎回毎回新しい展開を聴いて，私の心は満たされます」と答えられた，とのことである。もちろん新しい展開を楽しむには，新しい展開が面接のなかで語られなければならない。そのためにはカウンセラーの技量が一定の水準に達していなければならないのである。そうでないと，毎回同じような話が続いたり，筋の通らない話ばかりになったり，生き生きとした感情が体験されない話になってしまう。すなわち，おもしろい小説にならないのである。

　ところで小説そのものは，私たちがその筋立てに参加することはできない。作家の創造した文章を元に連想を楽しんだり感動するに止まる。しかし，カウンセリングで創造される『小説』は，カウンセラーが深く関与することになる。カウンセラーの関与により，クライエントが想像もしたことのない小説ができあがることもある。小説の創造と小説の鑑賞の両方を体験できるのが，カウンセリングである。その体験が，カウンセリングに醍醐味を与えることになり，その苦痛からは解放されるように思われる。ただし，時にとんでもない小説をつくってしまうことになることも少なくない。苦痛でないこと，楽しいことには必ず危険が伴うものである。このことにくれぐれも注意して，カウンセリングを続けなければならない。こうした危険を少しでも減らすには臨床心理学の学習が不可欠と思われる。

（高尾　兼利）

第1章

臨床心理学とこころ

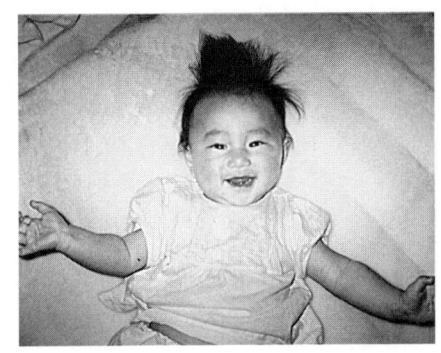

　この子どもは，今何を考え，どのように感じているのだろうか。このような子どもにもこころがあることを疑う者はいないだろう。ひとは生まれたその瞬間から家族や社会という人間関係の中に組み込まれる。その中でさまざまな相互交流を経験することにより，こころの発達をとげていく。この子どもの考え方や感じ方も，他者とのさまざまな相互交流の積み重ねによって特徴づけられてきている。そして，こころの発達はこれからも続いていくのである。

この章では,「こころ」とは何かということについて,さまざまな側面から検討していく。これまでこころはどのように理解されてきたのか,こころの病やその癒しというものはどのように理解されるのか,家族あるいは社会と個人のこころはどのように関連しているのか。こうした事柄について概観していく。こころの問題に社会的な関心が集まり,いろいろな意味でこころの重要性が叫ばれる今日において,こころに関連する諸問題について理解を深めることは,自分自身のこころを理解していくうえで極めて重要なことだといえる。学習する際には,まず「こころ」というものを自分がどのようにとらえているかを考えてみること,そして,自分自身が周囲の世界とどのような関わりをしてきたか,その関わりから自分自身の人格形成という点においてどのような影響を受けてきたかということを振り返ってみることをお勧めしたい。

（キーワード）
・こころの病　・不適応　・癒し　・心理療法　・家族

I　こころとは何か

1　こころとは

　近年,「こころ」に対する関心が高まっている。「こころの教育」「こころの危機」「傷ついたこころを癒す」などというように,「こころ」という言葉が日常的に使われている。しかしながら,「こころとは何か」とあらためて問われた場合に,それがどのようなものであるかを即座に返答できる人はどれだけいるだろうか。

　私たちは,ものを見たり,音を聞いたり,ものに触れてその手触りを感じたりということを,日常生活の中でごく当たり前のように経験している。このように感覚器官を通じて環境からの情報を取り入れる過程をさして知覚と呼ぶ。そして,それらの出来事を意味づけたり,識別したり,記憶として保持したり,さらにはこれまでの経験などと照らし合わせて理解・判断したりする。これらの情報処理の過程をさして認知とよぶ。知覚や認知という過程を経て,実際にどのような行動を選択するかに影響を及ぼすものとして,動機や感情が関わってくる。これらはすべてこころの働きである。このように考えると,こころというのはひとが生きていくために環境との調和をはかっていく役割を担うもの,あるいはその働きそのものと理解できるかもしれない。

　では,私たちがこころの存在をはっきりと自覚するのは,どのような時であろうか。たとえば,泣いたり,笑ったり,怒ったりなどといった感情を体験する時,ひとは「自分がこころの中で感じているんだ」と自覚できるかもしれない。あるいはとても辛いことがあり気分が沈んでいる時などに,「自分のこころが傷ついている」と実感することもあるだろう。また,たとえば誰かがひどく反社会的な行動をした時に,「あの人は心が病んでいる」などと感じたり,悩みを抱えている人に対して「こころを開いてほしい」と期待したりと,自分以外の他者にもその人独自の主観的な世界があるということを当然のこととしている。日常生活での実感としては,こころとはこのような主観的な思考内容

やさまざまな感情体験をさす場合が多いように思われる。

2　心理学におけるこころのとらえ方

　心理学の世界では，その初期から「こころとは何か」という問いに対する答えを探ってきた。心理学が誕生した19世紀半ばには意識が心理学の中心的な研究テーマであった。1879年に世界で初めての心理学実験室を創設したヴント（Wundt, W.）は，実験条件の中で自分の意識に起こってくる過程を報告する内省報告という手法を用いて，意識の状態を研究した。ここでは，心理学研究の対象となるこころとは意識のことを意味していたと考えられる。

　20世紀になると意識を研究対象とすることに対する批判が出されるようになった。そうした批判のひとつに，意識のようなとらえどころのないものを研究対象とするのではなく，外側から観察することが可能な行動を研究対象とすべきとする考えがあった。つまり，外界からの刺激とそれに対する個体の反応との関連性を検討することのみにより，こころの働きを定義しようとしたのである。このように，客観的に観察可能な行動こそがこころを理解する唯一の資料だとする考え方を行動主義といい，1910年代にワトソン（Watson, J. B.）によって提出されたのがその始まりといわれる。初期の行動主義の考えに対しては，行動の背後にある内的な過程をあまりにも無視しすぎているという批判はあったが，その後さまざまな修整がなされてきており，現在でも心理的援助や教育の場において不適応行動の修整や学習の促進などの役に立っている。

　一方で，フロイト（Freud, S.）が20世紀初頭に創始した精神分析学は，意識をこころの一部分と考えて，意識のみを研究対象とする心理学の限界を示すこととなった。精神分析学においては，普段は意識に上ってくることがない無意識によっても人間の行動や態度が決定されるのであり，無意識も人間のこころを理解するうえで極めて重要な要素であると考えるのである。フロイトやその後継者たちは，意識できないこころの領域，すなわち無意識にこそさまざまなこころの問題や人間の動機の源があると考えた。では，その無意識の存在を知る手がかりとしてはどのようなことがあるのだろうか。彼らは夢，言い間違え

やゝり間違いなどの失錯行為,そしてさまざまな症状などが,無意識,さらには無意識の願望が存在することの証拠と考えたのである。精神分析に基づく考え方もさまざまな批判にさらされてきたが,精神医学や心理療法の領域でのその貢献は計り知れないものがある。

近年では,コンピューター科学や神経科学の発展に伴って,こころの働きを脳が行なっている情報処理過程と考え,その仕組みを理解しようとする試みがなされてきている。人間の脳の働きが,こころのあり方をある程度決定していることは確からしい。しかし,こころのあり方がすべて脳の働き方で理解できるとはいえず,特に意識過程を単純に脳における生理過程に還元して考えるのはむずかしいと考えられている(下條,1999)。

3 臨床心理学におけるこころ

では,臨床心理学においてはこころというものはどのように考えられているのであろうか。臨床心理学とは,個人または集団に生じている問題に対して心理学的な見地からどのように対処するかを研究し,援助を実践していくための学問と定義することができる。そして多くの場合に採用される援助実践のあり方は面接という方法である。そこでは援助するものと援助を受けるものとの出会いがあり,双方向に影響を及ぼし合うという事態が必然的に生じてくる。援助するものもさまざまな形で影響を及ぼしているし,その逆に援助を受けるものもさまざまな形で援助する側に影響を及ぼしている。そのような多種多様な影響のもとで関係を維持していくのであるから,援助するものが援助を受けるものを客観視するということは困難になってくる。サリバン(Sullivan, H. S. 1976)は精神医学的援助の実践と研究の基本的方法として,関与しながらの観察という鍵概念をあげた。これは,観察の対象となる被援助者と援助者とが関わりあってつくる対人関係の場において生じる現象こそが,援助や研究の対象となるということを意味している。したがって,対人関係の場から個人のこころを切り離して検討していくことはできないのである。このように,臨床心理学におけるこころとは,自然科学的研究のように対象を客観視して検討してい

くものではなくて，主体と客体が交錯する関係性の中でとらえていくべきものと考えられるのである。

Ⅱ　こころの不適応と病

1　適応とは

　ひとは誰でも独自の欲求や願望，意思などをもっている。同時に，その個人を取り囲むさまざまな集団や社会，文化といった環境の中で生活している。その環境とは，具体的には家庭であったり，職場であったり，学校であったり，地域社会であったり，あるいは民族や国家であったり，社会規範やその文化における価値観であったりする。独自の欲求や意思をもった個人が，属する環境からの種々の要請との間で調和を保って生活している状態，あるいはそういう状態を達成するためのプロセスをさして適応という。適応のために個人は自分の内的状態を環境からの要請にあうように調節したり，逆に環境の側に働きかけて調和を保とうと試みたりする。

　たとえば，欲求不満を感じた時に，ひとは自分のこころの側を調節してその欲求の水準を下げたり，違う形で欲求を実現させたりするという形で処理する。一方で，外界に働きかけて欲求を満たすうえでの障害となっていることを取り除くといった対応をすることもできる。適応している状態とは，個人が自分の主体性を失わず，環境との調和を図りながら自発的に行動し，自己の可能性を最大限に発揮している状態といえるかもしれない。しかし，実際のところは，さまざまな困難や不満を抱えながらも，環境からの現実的な要請との折り合いをなんとか付けていくことができている状態という方が，より現実的な見方であろう。

2　不適応とは

　適応という状態とは逆に，環境との間でなんらかの不調和を体験している時に，ひとは不適応の状態にあると考えられる。これには，個人が不調和を感じ，

なんらかの不利益を被っている場合はもちろん，個人は自覚していないがその周囲がなんらかの困難を経験している場合も含まれる。では，不適応の状態とは具体的にはどのような状態をさすのだろうか。

たとえば，何か悩みをもっていて，そのことにより社会生活を送る上で支障をきたしている場合があげられる。人前で話をすることに強い緊張感を抱くために，人前で何かを発表する場を避けようとする人の場合，周囲の人からは不適応とはみなされないかもしれない。しかし学業や仕事の業績での制約を受け，自分の可能性を広げることがむずかしくなるだろう。また，対人緊張が強すぎるために学校場面から退却してしまういわゆる不登校では，自分自身はもちろん周囲からも不適応とみなされるだろう。この場合，退却するということが本人にとっては不安を感じないための対処行動であるが，不適切な対処行動の例と考えられる。非行などの反社会的な行動に対して本人は不調和を感じていないかもしれないが，社会規範に適っていないし，外界との調和を無視しているという点で不適応と考えられる。逆に，外界との調和をあまりにも意識しすぎるために不適応状態に陥ってしまう場合もある。過剰適応といわれる状態がそれで，環境の側の期待とか要請に対して過度に敏感になり，そうした期待などにそった形で自分の態度や行動を決めていくという態度である。そのため，自分自身の願望や意思というものを押し殺してまわりにあわせるようになり，本人は不満や不全感を抱いていながらも，周囲からは適応していると見られることが多い。

3　こころの病とは

こころの病を定義づけるのはむずかしい。ひとつは身体的な病と比べた場合のむずかしさがある。身体的な病は，たとえば熱が出たり，その他のさまざまな検査結果が数値として確認できたりして健康な状態との比較が可能である。あるいは病んでいる身体的部位を胃カメラやさまざまな画像機器を用いるなどして視覚的に確認することができる。多くの身体的な病は，こうして健康な状態との違いを誰が見ても納得のいく形で確認することができる。ところがここ

ろの病というのは，脳に何か病変がある場合を除いては画像に映し出して病巣を確認することはできないし，血液検査をしてなんらかのこころの病を見つけ出すことも困難である。もちろん種々の心理検査を行なって，こころの問題の存在を推測することはできるが，「このような数値が確認される場合にはこのようなこころの問題がある」という形で定義づけすることは困難なのである。

　身体との関係でいえば，こころの病と身体の病とを明確に区別することのむずかしさもある。古くから「病は気から」といわれるように，こころの状態が身体の健康状態や病気の進行に影響を与えることがあるということが経験的に知られていた。心理社会的な要因が，その発症や経過に大きく関与していると考えられる身体疾患を心身症と呼ぶ。たとえば，過度なストレスが関係して発症する胃潰瘍や円形脱毛症などが代表的な心身症と考えられている。このような心身症というものの存在を考えると，どこまでがこころの病でどこからが身体の病かという境界線は非常に曖昧になってくる。

　さらに，こころの病という場合，どこまでが健康でどこからが病かの境界線を引くこともむずかしい。サリバン（1990）は精神的な病を示す者には健康な者にない何か特別な偏りがあるという考えを否定した。そして，両者の間にあるのは質的な違いではなく，その程度（量）の違いだと主張した。こうした視点に立つと，こころの病というのは，心理学的に健康な状態と連続線上に位置しており，厳密に境界線を引くことはむずかしいといえる。また，たとえばある文化において病的とみなされるような状態が，他の文化においては病的と考えられないということも実際にはある。こうした点から見ても，こころの病というのは個々の文脈において理解されるべきものであり，相対的なものともいえるだろう。これらのことを踏まえたうえで，こころの病を定義するならば，「なんらかの心理的な要因により生じている問題であり，そのことにより個人が社会生活を送るうえで困難を経験しており，本人あるいはその周囲のものがなんらかの苦痛を感じている状態」といえるであろうか。

Ⅲ　こころの癒し

1　こころの癒しとは

「こころ」という言葉を頻繁に耳にするのと同じように，「癒し」という言葉もよく耳にする。こころと癒しというのは切っても切り離せない関係にあるのかもしれない。「癒す」という言葉の意味を辞書で調べると「病気や傷をなおす。飢えや心の悩みなどを解消する（広辞苑第四版）」とある。今の時代は多くの人が心に傷を負ったり，心の悩みを抱えていたりしているのであろう。大きな悩みや心の傷とまでいかなくても，誰もが日常生活の中でなんらかのストレスを体験しているのかもしれない。そして人々はさまざまな形で癒しを求めているといえる。それはたとえば，音楽などの芸術に触れることで癒されたり，親しい人と触れ合うことで癒されたり，あるいは温泉につかることなどで癒しを体験する人もいるかもしれない。このように，日常生活の中でほんのひととき安心できたり，ほっとすることができたりすると，それを癒しの体験とみなす傾向がある。しかし，深刻なこころの問題のために，専門的な援助を求めて心理カウンセラーや精神科医を訪れる人も少なくない。そのような専門的援助のニーズも高まっているのである。では，このようなこころの癒しという取り組みは，これまでどのような形で行なわれてきたのであろうか。

2　こころの癒しの歴史

福島（1990）によると，心理療法には以下にあげるように，およそ4つの起源があると考えられている。

第一にあげられるのは，原始的治療行為や信仰治療といわれるものである。前者には，シャーマン（死者の霊などと交渉して預言など行なう宗教者）や呪術者と呼ばれる特殊な能力をもつと信じられている者が，その特殊な技能を用いて病者の霊魂やこころに働きかけて心身の治療を行なうというものが多い。このような原始的な治療行為は現代においても世界各地で行なわれており，日本に

おいても見られるものである。後者の信仰治療の代表的なものとしては、キリスト教における告解や懺悔があげられる。神父が1対1で信者の告白を聞いていくというスタイルは、現代の多くの心理療法に通じるものがある。

心理療法の第二の起源としてあげられるのが、18世紀末のメスメルが唱えた動物磁気説に始まる催眠術である。メスメルは、宇宙は磁気を帯びた流体に満たされており、人間の種々の病気が生体内における流体の不均衡から生ずると考えた。そして、動物磁気師が身体の中の流体を操作することによって治療が行なわれると考え、それを実践したのである。当時は非常に注目を集め、治療効果も大きかったが、これらの結果は今でいうところの催眠術や暗示によるものと考えられる。その後、動物磁気説はすたれていったが、メスメルの方法は19世紀後半に盛んになってくる催眠術の基礎となったと考えられる。この流れは後に、19世紀末から20世紀初めにおけるフロイトによる催眠の研究、そして精神分析学の創始へとつながっていく。その意味で、メスメルに始まる催眠術は、現代の心理療法の直接的な起源とみなすことができるかもしれない。

心理療法の第三の起源と考えられるのが、行動主義心理学であり、それに基づいて発展してきた行動療法である。行動療法では、不適応状態やさまざまなこころの病は、不適切に学習された行動あるいは学習そのものの欠陥によるものと理解される。したがって、その援助のあり方は、実験等により検証された手続きに従って、不適応行動を減弱・消去していき、適応行動を獲得・強化していくことを目指すというものになる。行動療法に関しては、意識や無意識という内的なプロセスを考慮せずに、個体をブラック・ボックスとみなすところに特徴があるが、その点が「心なき心理療法」などと批判されることもある（福島, 1990）。しかし近年では、人間の意識や感情を視野に取り込んだ考えがあらわれてきている。たとえば認知行動療法と呼ばれる技法では、人間の不適応行動の背景には認知的な歪みがあり、その歪みを修整することで行動に変容が生じるとするという考えに基づいて援助が行なわれ、大きな成果をあげつつある。

最後に、心理療法の第四の起源と考えられるものとして、医師による心理療

法的態度があげられる。古来，医師は医学的な権威をもつ者として，病める者から癒しの担い手として見られる傾向があり，そのような社会的関係の中で発せられる医師の言葉は大きな癒しの効果があるものとみなされていた。またこころの病に効果のある向精神薬が開発される1950年代以前には，医師がこころの病に対処する場合にはそのほとんどを心理療法的関わりに頼らざるをえないという状況があった。このような取り組みが，その後の心理療法の進歩に貢献しているのは確かなようである。

Ⅳ　こころと家族そして社会

1　こころと家族

　人は家族の中に生まれ，家族の中で育っていく。誕生のその時から人は他者との関係の中にあるのだから，その成長の過程で，身近にいる者たちの影響を強く受けるということは容易に想像できることである。特に人格の形成に家族の存在というのは深く関与していることはいうまでもないことであろう。

　人格の形成あるいはこころの発達に関係する要因としては，親から引き継いだ素質（遺伝）と誕生後の経験（環境との相互作用）とがある。遺伝か環境かの論争は心理学の世界でも古くからあるが，現在の心理学においては遺伝と環境が相互に作用しあって人間の発達に影響を及ぼしていくと考えるのが妥当だとされている。つまり，ある遺伝情報をもっている場合に，環境側の要因によってその特質の現れ方がより一層促進されたり，逆に阻害されたりするということである。家族を単位で考えると，子は親からの遺伝によりさまざまな特質を生まれながらにしてもっており，そこに家族からのさまざまな形での働きかけがなされる。誕生後，最初に接する集団として，家族がこころの発達において極めて重要な意味をもっていることはいうまでもない。

　家族との関係という点に関しては，心理学の世界では特に発達早期でのあり方が注目される場合が多い。たとえばボウルビィ（Bowlby, J. 1981）は乳幼児期における愛着対象の重要性を主張した。愛着とは，個体が他の対象との間に

形成する愛情に基づく結びつきのことを意味するが，特に乳幼児とその保護者（主に母親）との場合について用いられることが多い。ボウルビィによると，人間の愛着行動は他の哺乳動物と同様，乳幼児期に発達する本能行動であり，その目的は母親対象への接近と考えられている。このような母親対象との愛着関係は乳幼児に安心の基盤を提供し，その後の人格形成や対人関係の土台となると考えられる。また，エリクソン（Erikson, E. 1977）は，人間が自分自身を肯定し，なおかつ自己を取り巻く外界を肯定し信頼することができる状態をさして基本的信頼と呼んだ。この基本的信頼は，乳児期において自己のさまざまな要求に敏感に応じて世話をしてくれる母親が存在し，その母親との関係の中で心地よさと安心感を体験することから獲得されるものである。こうした基本的信頼というものが，時間的にも社会的に一貫しており，これが自分だと確信できる自分という感覚，すなわち同一性（アイデンティティ）の基礎となるのである。

こころの発達と家族との関係の一例として，発達早期に見られる子どもと親との関係をあげたが，家族との関係のあり方は個人のこころに一生を通じてなんらかの影響を与えるものである。児童期には児童期の親子関係の質があり，思春期には思春期の親子関係の質がある。成人して子をもつようになると親役割への転換が求められるし，老年期に入ると子どもとの関係の修整や孫との関わりなどが必要になる。このように，個人の心のあり方というものは，生涯を通じてその家族とは切り離して考えることはできないのである。

2　こころの問題と家族

先に述べたように，こころの成り立ちは遺伝要因と環境との相互作用という要因とによって決まってくる。こころの問題やこころの病も同様である。たとえば統合失調症などは，こころの病の中では遺伝的な要因が深く関わるものと考えられている。遺伝的な要因は確かに統合失調症になる危険性を高めるようだが，遺伝要因だけでは発症やその増悪，再発などを説明できないともいわれる（西村，1997）。そこには，負荷の大きい生活上の出来事や家族の相互作用の

性質など，環境要因が関与していると考えられるのである。

　こころの問題のあらわれと家族ということに関しては，近年深刻化している児童虐待の問題も注目される。虐待とは，子どもに対して養育者からさまざまな形でなされる行為（身体的暴力，性的暴力，必要な養育の欠如，言葉の暴力）のことをさすが，被害者である子どもに及ぼす影響は心身両面において非常に大きなものがある。小さい頃から親による虐待を受けてきた人には，特徴的な問題があらわれることが多い。たとえば，極端に自信がもてない，安定した対人関係をもつことができない，攻撃的な問題解決行動をとりやすいなどといった人格傾向としてあらわれてくる。そしてこのような虐待的な親子関係をさらに次の代，すなわち自分自身の子どもに対してももってしまい，虐待の連鎖ができ上がるという場合もあるといわれる。このように，親からの虐待により生ずる結果は，養育環境によってこころの問題が生ずる典型的な例といえるかもしれない。

　このように見てくると，サリバン（1976）がいうように，「一個の人格を，その人がその中で生きそこに存在の根をもっているところの対人関係複合体から切り離すこと」はできないのであり，どのようなこころの問題も家族と切り離して考えることはできないといえるだろう。また，こころの問題には，個人の問題として扱うのではなくて，むしろ家族全体の問題として考えていかなければならない場合も多いのである。

3　こころの問題と社会

　これまでこころと家族との関係について見てきたが，それでは個人や家族が属する社会とこころとの関係はどのようなものであろうか。人は属する社会や文化に是認される様式で，さまざまな経験を積み成長していく。個人のこころのあり方も慣習や常識など，多くの社会的な要請に影響を受けながら発展していくといえる。現在は社会のさまざまな局面において，急速かつ大規模な変化が起こってきている。情報技術の革新や人々の価値観の多様化，離婚や晩婚の増加などによる家族構成や人口構成の変化など，ひとつひとつ数えあげればき

りがない。このように多様化，複雑化する社会の中で，個人のこころのあり方やこころの問題にも変化が生じてくるのは当然のことかもしれない。

こころの問題が時代や社会状況と密接に関連することは，以前から認められるところである。たとえば，不登校は1970年以降に急激に増大し，社会的に広く認知されることになった。日本では諸外国に比べてその規模も大きく，そこには教育的・社会的な背景も関わっているとの考えもある。また，大学生が呈する意欲減退・無気力状態をスチューデント・アパシーと呼ぶが，1970年前後から問題とされるようになった。これもやはり，日本において特徴的に見られる問題であり，日本の社会・文化的状況と密接に関連していると考えられている。近年では，夫の妻に対する暴力であるドメスティック・バイオレンスや青年期以降の家庭内でのひきこもりなどの問題が増大し，社会問題化してきているし，児童虐待もその広がりははかり知れない。これらの問題も，社会や文化の状況と密接に関連している部分が大きいと考えられる。ホーナイ（Horney, K. 1973）が述べるように，「何が正常であるかという定義は，文化によるだけでなく，同一文化の中でも，時代に応じて変わる」のであり，こころの問題も時代や社会状況に照らして検討されなければならないのである。

引用文献

（1） エリクソン，E. H.（仁科弥生訳）幼児期と社会Ⅰ　みすず書房　1977　Pp. 317-320。
（2） サリバン，H. S.（中井久夫・山口隆訳）現代精神医学の概念　みすず書房　1976　P. 20, 21。
（3） サリバン，H. S.（中井久夫他訳）精神医学は対人関係論である　みすず書房　1990　P. 340。
（4） 下條信輔　〈意識〉とは何だろうか　講談社現代新書　1999　P. 180。
（5） 西村良司　よくわかる精神医学1　[精神病編]　ナカニシヤ出版　1997　Pp. 14-17。
（6） 福島章　総論：心理療法の歴史と比較研究　小此木啓吾・成瀬悟策・福島章（編）臨床心理学大系第7巻　心理療法1　金子書房　1990　Pp. 2-22, 18。
（7） ボウルビイ（作田勉監訳）ボウルビイ母子関係入門　星和書店　1981　P.

123。
（8）ホーナイ，K.（我妻洋訳）現代の神経症的人格　ホーナイ全集第二巻　誠信書房　1973　P. 3。

（勝見　吉彰）

コラム

触れることから

　画集ではなく，古代遺跡の写真集を手にする時がある。
　アステカの石彫群，アジャンターの石窟遺跡，カッパドキアの石造遺跡。ただただそれらを眺め，悠久の時の流れに思いをめぐらせたりする。
　彫刻家の佐藤忠良氏は「目で触る」という言葉をよく使う。目で見たものを触覚に置き換えること，彫刻の仕事は，モデルを目で触りながら粘土に写しかえることだという。氏はまた，彫刻以外でのさまざまな場面でも，ものの触感，質感，手触りといったものを「目で触って」確かめているようだ。
　ずいぶんと前，あるワークショップで，目隠しをして塑像を作ったことがある。ものを表現しようとする時，その対象物をよく見ることが大切だが，目を閉じることで逆に見えてくるもの，感じることがあることをその時知った。粘土の質感，粒子まで感じられる手触り，今こねたものと，少し前に形作ったものとの感触の違い，時間の流れ，手の体温…。
　5歳児の子どもたちに同じような体験をさせたことがある。
　その時，用意した素材は，私が友人とともに，現場から運んできた天然の粘土や石だった。それらを天日で乾かし，それぞれ叩いて粉々にしたものに水を混ぜてこねた。目隠しした子どもたちは，それらを手のひらで触るだけでなく，肘でつついたり，頬につけたり，臭いをかいだり，中には耳を押し当て，何かを聴こうとする子までいた。舐めようとする子もいたが，やむなく止めた。
　素材を十分こねくり回してほしい，素材のもつ感触を十分に味わってほしい，ただそう思った私の意図を飛び越えて，子どもたちはそれらを使い，保育室の片隅に「巨大都市」を作り上げてしまった。古代遺跡のミニチュア版のようだった。
　その後も何度か粘土を園に運び，子どもたちとともに干したり，砕いたり，こね合わせたり，時にはふるいにかけたりした。しばらくして，「巨大都市」は元の粘土になり，新しい粘土とともに園庭の隅にそびえたつトーテムポール（のようなもの）になった。
　羊羹1本分の油粘土では何とも物足りない。もし，天然の土粘土を取ってくることができなかったら，瓦製造所を捜して雑粘土を注文する方法もある。驚くほど安価だ。

（天野　珠路）

第2章

こころの問題と脳科学

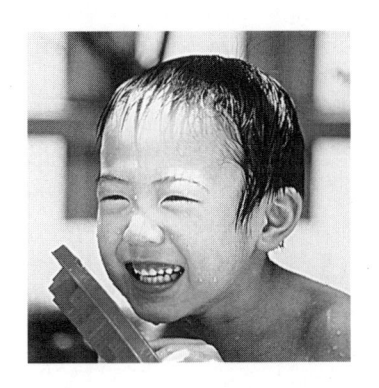

夏のある日，水遊びしている3歳の男の子。心からたのしそうに水とたわむれている様子がうかがえる。

こころは脳が産み出すものである。脳科学が発達して，こころのからくりを科学的に説明できるようになった。もちろんすべてが解明されたわけではないが，臨床心理学に寄与するものと思われる。本章では，最近の子どもの脳，特に前頭葉という部分が変わってきたこと，子育ての過程でこころのもとである神経伝達物質が不足気味の子どもが増えてきたこと，そして，脳の成熟にはどうしても母性と父性が必要なこと，などを考えていこう。

キーワード
・前頭葉　・神経伝達物質　・環境ホルモン　・父性
・母性　・環境コントロール

第2章 こころの問題と脳科学

Ⅰ 子どもの脳が変わった

1 神経伝達物質と行動

いうまでもなく,子どもの行動は脳がつくり出している。より大胆にいえば,心は脳の活動の産物なのである。たとえば,最近よくいわれる,意欲,集中力,記憶力,共感能力,行動抑制力などの低下は,当然脳の機能低下が原因となっている。この機能低下が,子どもを取り巻く環境の変化とともに起きている。脳は子育て環境や学校・社会環境などに大きく左右されるからである。特に2〜3歳までの乳幼児の脳は,その子どもが生きる家庭環境,より極論化していえば母親と父親の関わり方の影響を強く受ける。ここでいう関わり方とは,愛情面だけではなく,栄養面を含めた生活環境も含む。「子どもの脳が変わった」という観点から,子どもの発達に及ぼす影響を考えてみよう。

脳が構造的に変わるには数万年から数十万年はかかる。しかし,ニューロンとニューロンの接合点,すなわちシナプス(図2-1)で,信号の受け渡しをする神経伝達物質の量は環境によって容易に変わりうる。ドーパミンは楽しいと

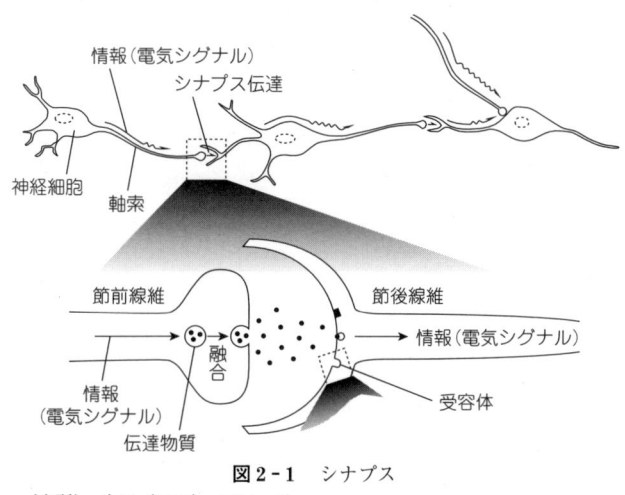

図2-1 シナプス
(出所) 生田(1999), 29ページ。

きに増え，セロトニンは満足したときに増える。またノルアドレナリンは不安なときや恐怖を感じたときに増える。筆者は，これらの神経伝達物質と子どもの諸能力低下の関係を，仮説段階であるが，下記のように考えている。

　生後，スキンシップを中心としたお世話の欠如した家庭に育つ子どもはセロトニン不足に陥り，不安傾向を強く感じるようになり，そのために自らの心を防衛するかのように，他人に対して攻撃やちょっかいが出現しやすくなったり，落ち込みやすくうつ状態になったり，強迫行為などの神経症状が現れやすくなる。セロトニンが不足すると人に触られる行動をとるようになる。筆者は，セロトニンは母性的対応と関連があると考えているが，仮にそうだとすれば，セロトニン量を上げることで，攻撃行動は減少するだろう。事実，筆者の研究では，母性得点の高い母親群の子どもは，母性得点の低い母親群の子どもに対して有意に「キレる」行動が少なかった（平山，2002）。

　楽しい・嬉しい体験の少ない環境で育つと，ドーパミン系のネットワークが不十分に育つ。ドーパミンは特に脳の司令塔ともいうべき前頭葉で大切な働きをする。集中力，記憶力，行動抑制力，共感能力などは，前頭葉の働きであり，ドーパミン不足はこれらの能力を低下させる。ADHD（注意欠陥多動性障害）の主な原因説であると同時に，乳幼児期に楽しい・嬉しい体験の極めて少ない子どもがADHDと同じ症状を示す。

　叱られたり，厳しくされたことのない子どもはノルアドレナリンのネットワークが不十分に育つと考えられる。ノルアドレナリンは脳幹の青斑核（せいはんかく）からよく分泌されるが，元気や意欲のもとである。思春期頃に「息切れ現象」を起こし，不登校や引きこもりを引き起こす原因の一つはこのネットワークの未熟さにあるように思われる。

2　環境ホルモンと子どもの脳

　福島（2000）は，現代の子どもたちが示す問題の根底に脳の問題が立ちはだかっているとし，環境ホルモンという化学物質による脳そのもの（ハード）の変化，情報環境の変化による脳の働き方の基本システム（OS）の変化を指摘

している。特に，環境ホルモンについては，アメリカの五大湖の一つ，オンタリオ湖の周辺に住み，そこで獲れた魚を多食してきた母親が生んだ子どもが，別の地域の母親が生んだ子どもに比較して，知能や性格に問題があることが証明されつつある，として，環境ホルモンと脳の形成異常の関係を示唆している。もちろん，環境ホルモンと脳の関係はまだ十分証明されているとはいえないが，今後とも子どもの発達との関係で注目していく必要がある。

ちなみに，環境ホルモンは，内分泌撹乱化学物質ともいわれ，われわれの生活環境の中に取り込まれた化学物質が人の体内に入り込み，もともと人がもっているホルモンと同じように作用するものである。たとえば，合成洗剤・化粧品・塗料などに含まれる産業化学物質，ダイオキシン，農薬，医療用合成ホルモンなどである。

II 神経伝達物質の話

1 神経伝達物質とは

神経細胞（ニューロン）どうしはつながっておらず，10万分の1～2ミリの隙間があいている。この隙間をシナプスというが，生後間もない頃は1つの神経細胞に2個程度の，生後8カ月では60個程度の，そして成人では1000個程度のシナプスをもつ。電気信号は神経細胞の軸索を流れるが，そのままその電気信号を次の神経細胞に伝えることはできない。信号が神経細胞の末端（終末部ボタン）まで来ると，信号に押し出されるかのように，その信号に応じた種類と量の神経伝達物質（化学物質）が次の神経細胞の細胞体や樹状突起に向けて放出され，そこにあるレセプター（受容体）に取り込まれる。そうすることにより，その神経細胞で電気信号が強められ，その作業が数千個，数万個で繰り返されることで，心や記憶が生じるのである。一般に神経伝達物質は，放出され続けるということはなく，適量──これが理想なのだが──分泌された後は，抑制的に作用するようになっている。なお，神経伝達物質には，ドーパミン，セロトニン，ノルアドレナリンなどの興奮性伝達物質（脳を興奮させる）と，

ギャバのような抑制伝達物質（脳の興奮を抑える）に分かれる。目覚めているとき，セロトニン，ノルアドレナリンの各作動系ニューロンではゆっくり放射されるが，ノンレム睡眠時（脳は眠っているが，体は動く）では，放射はさらにゆっくりになり，レム睡眠時（脳は覚醒していて夢をみていることが多いが，体は動かない）には放射が止まる。レム睡眠で放射が止まらないのはドーパミン作動系で，この理由は，睡眠時でも運動プログラムを機能させるためと考えられている（ホブソン，2001）。

2 セロトニン

　セロトニンは「満足」や「幸福感」を感じたときに出る物質である。欲求を満たされたとき，特に「触られたとき」に適量が満たされる。子どもの育ちにスキンシップやタッチケアーが不可欠であるゆえんであるが，セロトニンネットワークが基本的に構築される時期は生後2年といわれている。

　セロトニンが足りない子どもは，人を触るようになると考えられ，臨床的には安心できる人の耳たぶをよく触る，頬をなでる，抱っこをせがむなどとして見られる。一般に，セロトニンが増えれば好奇心が出てきて，性格は陽気・社交的になる。不足すれば，食欲や性欲が強まり，動きは衝動的・攻撃的となる。気分は低下し，うつ状態になり，単独行動やケンカ，ちょっかいが多くなる。不眠もそうである。ただ，セロトニンは不安・恐怖症の体質をもつ人の神経に働けば，その症状を誘発する（貝谷，1997）と考えられている。つまり，セロトニンは不安を引き起こしパニック発作や強迫症状を発生させる引き金役として働くということである。これは一種の防衛反応と考えられ，潔癖症などの強迫症状（反復行為）はセロトニン量を増やす働きがあり，安心の状態に戻ろうとする反応と解釈できる。

　セロトニン系神経は脳幹の青斑核に直接つながり，ノルアドレナリンの活性を抑制している。これは，怒りの気持ちを抑える母性的な働きともいえる。一方において，セロトニン不足は，母性愛の欠如をもたらす。セロトニン不足の母親は，子どもを世話しようとせず，深刻な事態としては子どもを虐待したり

することもある。

　セロトニン神経は，脳幹の縫線核から始まり，扁桃体，視床下部，大脳新皮質に伸びている。

3　ドーパミン

　ドーパミンは一言でいえば，「楽しい」と感じたときに出る快感物質である。遊びだけではなく，興味関心があること，好きなことなら，勉強やスポーツをする際にも分泌する。別の視点からいえば，元気や積極性に関わる物質でもある。

　ドーパミンは，元々ノルアドレナリンを合成するための中間物質である。合成の必要上，中間にできる物質であるため，一般に動物の脳では神経伝達物質として活用されることはほとんどない。しかし，人の脳は特別に巨大化したため活用せざるをえなかったと考えられる（大木，1993）。先ほど，神経伝達物質は放出され続けることはなく，適量で抑制に転ずる，という話をしたが，ドーパミンに限っては，ある快感レベルに慣れてしまうと，その快感レベルを再度得るために，それ以上に快感レベルが必要になる，という「脱感作」の現象が起こりやすい。

　ドーパミンを最も多く活用しているところが前頭連合野（前頭葉の大部分）であり，集中力，抑制力，ワーキングメモリー力，共感能力などに関与している。ワーキングメモリーとは，たとえば文章を読むときに，前の文章を一時的に覚えておくことで，次の文章を読んで理解できるように，ある作業を行なう際の一時的な記憶——単なる短期記憶ではなく，何かの意思決定をすることになる作業記憶——のことをいう。作業を終われば時間と共に忘れていく記憶である。

4　ノルアドレナリン

　ノルアドレナリンは，「恐怖感」「不安感」「緊張感」を感じるときに出る物質である。

脳を覚醒させ，動物的に振舞わせる物質がノルアドレナリン（ノルエピネフリン）である。脳幹にある左右１対の青斑核(せいはんかく)の神経細胞から分泌され，脳全体に行き渡る神経回路を構成している。元々青斑核は，心臓がどきどきする，冷や汗が出る，呼吸が苦しくなるなどの自律神経発作を引き起こす中枢である。
　ノルアドレナリンは猛毒といわれ，猛毒ゆえに脳を強く活性化させる。元気の素ともいえる。「怒りのホルモン」ともいわれ，怒っているときに多量分泌される。類似した物質としてアドレナリンがあるが，これは，ノルアドレナリンから酵素によってつくられたもので，「恐怖のホルモン」といわれる。驚いたときによく分泌されるからだ。ノルアドレナリン量が高まれば，不安やパニック発作の原因ともなり，やはり適量が望ましいことになる。ちなみにパニック発作とは，前触れもなく，動悸，発汗，ふるえ，息苦しさ，窒息感(ちっそくかん)，胸の痛み，吐き気，めまい，現実感がなく自分が自分でないような感じ，気が狂うのではないかという恐怖，死ぬのではないかという恐怖，うずきやしびれ，体が冷たく感じるか熱く感じること，などの少なくとも４つが突然現れ，10分以内にその頂点に達する障害をいう（DSM-Ⅳ）。多くは，毎週１回とかそれ以上の頻度で起こる。

5　アセチルコリン

　アセチルコリンは，記憶，学習，認知，睡眠に関与している物質である。この物質が不足すれば記憶や判断が困難になる。アセチルコリン神経は脳幹の線状体や視床から始まり，海馬や扁桃体を通って前頭葉と側頭葉に伸びている。このなかでも，特に海馬はアセチルコリン神経が集まっているところで，短期記憶（一時的な記憶）の機能をもつ。アセチルコリンが不足すればアルツハイマー病を引き起こすと考えられている。アルツハイマー病は，脳血管障害はなく，大脳新皮質の神経細胞の萎縮や減少がみられ，急速に痴呆化が進む。そのため，アセチルコリンは，アルツハイマー病の治療薬として期待されている。なお，逆に，アセチルコリンが過剰になれば，パーキンソン病になると考えられている。パーキンソン病はドーパミン不足でも引き起こされるが，手指の振

るえ，体の動きの減少，猫背姿勢，ヨチヨチ歩き，手をふらない歩き方，能面のような無表情，よだれ，失禁などが現れる。うつ状態や痴呆が現れる場合も多い。

Ⅲ 脳を育てる環境づくり

　脳が行動を生み出すので，子どもの発達を促進させることは，すなわち脳を育てるということになる。脳の神経回路は環境刺激により変化する。子育て，保育，教育とは，子どもの脳を育てる仕事だといえる。ここでは，適応的行動を形成するために必要な2つの視点，すなわち，神経伝達物質のコントロール（適量確保）とシナプス形成（神経ネットワークづくり）について説明したい。なお，脳の成熟のプロセスからみて，0～3歳頃までの環境づくりが大切であり，遅くとも8～10歳頃までに，その後の人生を豊かに過ごすための基礎をつくることが望ましい。その時期（臨界期）を過ぎると，カウンセリングや発達臨床の対象となってくる場合も多く，時間や経費を浪費することにもなりかねない。

1 神経伝達物質をコントロールする

　脳が育つ1つ目の条件は，神経伝達物質の分泌量を適量確保することである。この脳内物質は多すぎても少なすぎても不具合を生じる。たとえばドーパミン量が少なければパーキンソン病のような症状を出し，多すぎれば統合失調症（旧精神分裂病）のような症状を出しやすくなる。神経伝達物質は，基本的には，神経細胞が細胞体の核にある遺伝子の命令によって生産されるものであるが，精神的環境や食生活によっても大きく左右されるものである。それゆえ，赤ん坊の頃から，たとえば精神的環境を取り上げれば，スキンシップによりセロトニン量を，楽しい雰囲気によりドーパミン量を，ある程度確保しておくことが望ましい。このことはシナプスにこうした神経伝達物質が流れるようなネットワークを作るという意味である。それぞれの神経伝達物質の役割や特徴は，

図2-2 シナプスの数の変化

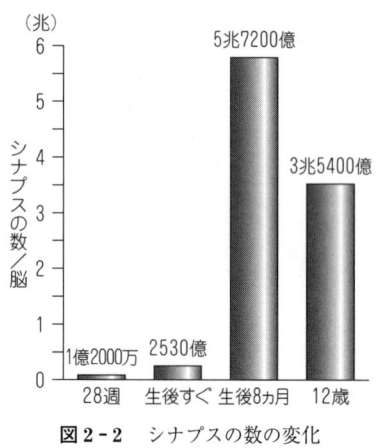

前節を参照してほしい。

2 シナプスを増やす

　脳が育つ2つ目の条件は，神経細胞と神経細胞の接点——ここをシナプスというが——を増やすことである。神経細胞は，脳全体で約1000億，大脳新皮質だけで140億あるといわれている。乳幼児から20歳頃までは，この数はあまり変わらず，20歳を過ぎると1日10万個程度は死んでいく。

　幼児に比べ大人の方がより複雑な行動ができるのは，神経細胞の数の問題ではなく，神経細胞間のシナプスが増えていくことによっている。このシナプスが増えていくことを，脳のネットワークをつくる，ともいう。

　図2-2は，シナプス数の増加をグラフにしたものである。ネットワークが過密になっていく様子が理解できるが，シナプスが生後間もない頃から急激に増え，生後数カ月で最大になるのは興味深い。

　2つの神経細胞が出会っても，必ずシナプスを作るわけでない。神経細胞の軸索や樹状突起が伸びたとき，ターゲットになる神経細胞が出す神経栄養因子ニューロトロフィン（たんぱく質の一種）がなければ，誘導してもらえず，シナプスは形成されない。形成されない場合，軸索や樹状突起を伸ばした方の神

経細胞は死滅してしまう。ニューロトロフィンには，神経成長因子（NGF），線維芽細胞増殖因子（FGF），脳由来神経栄養因子（BDNF）などが知られている。

　シナプスの数は，幼児期を経ると減少傾向をたどる。これは，活用されるシナプスは強められて生き残り，活用されないシナプスは死滅する「刈り込み」とう現象で説明される。澤口（2000）は，このことを，ダーウィンの進化論になぞらえて「生まれて間もない頃の脳は大きな可能性（無駄）をもっており，多様な神経回路がある。それが環境要因によって『刈り込まれる』という形で，適応的な神経回路が形成されるのだ」と述べている。もちろん，シナプスの総数は減少するが，1つの神経細胞に接続するシナプスの数は増えるので，20歳の大人の場合，1つの神経細胞に1000個程度のシナプスをもつとすれば，大脳新皮質だけで，1兆4000個程度のシナプスをもつ計算になる。

Ⅳ　父性と母性を大切にする環境コントロール

1　父性とは，母性とは

　子どもの発達に及ぼす最大の環境は母親と父親である。子どもの育ちの上で，理想的な母親にもっていてほしい特性が「母性」である。逆に，父親にもっていてほしい特性が「父性」である。もちろん，母性は父親がもっていてもよく，父性は母親がもっていてもよい。それは個人の"タイプ"として尊重されなければならない。ただ，人は，父性と母性両方の特性の影響を受けた方がうまく育つ。母性あるいは父性とはどのような特性かについて学んでみよう（平山2000）。

　まず母性であるが，一言でいえば「包み込む性」であり，思いやり・やさしさ・世話する気持ちなどを主な特性としているが，別の側面からいえば受容的，全体的（非分析的），個別的思考（非原理的思考），プロセス重視（非目的的）という特性をもつ。

　かわって父性であるが，一言でいえば「切る性」であり，割り切る・断ち切

表2-1　東大式エゴグラム

　新版東大式エゴグラム（TEG-R）（東京大学医学部心療内科編　金子書房）は，交流分析の観点からNP（母性）とCP（父性）を次のような質問項目でチェックする。「はい」を2点，「いいえ」を0点，「どちらでもない」を1点として計算し，それぞれ20点満点でその程度をみるようになる。正式な検査は，TEG-Rの手引きと検査用紙を用いて実施してほしい。
(1)　NP（母性）をチェック
　① □人の喜びを自分のことのように喜べる
　② □人の気持ちがなごむように話をする
　③ □何気ない気配りをする
　④ □心が広いと言われる
　⑤ □人の気持ちがよくわかる
　⑥ □他人の世話をよくやく
　⑦ □人の役に立つように行動する
　⑧ □人に優しい言葉をかける
　⑨ □人に温かく接している
　⑩ □人助けをすることに喜びを感じる
(2)　CP（父性）をチェック
　① □納得がいかないことには抗議する
　② □理想を追求する方だと言われる
　③ □しばしば自分にきびしいと言われる
　④ □目標が高いと言われる
　⑤ □他人にきびしいと言われることが多い
　⑥ □リーダーシップをとることが多い※
　⑦ □責任感が強いと言われる
　⑧ □たいてい自分の言い分は通す
　⑨ □言うべきことは言う
　⑩ □他人に指図されるより指図するほうが多い
（※実際の検査では「とることが少ない」となっており，逆に点数化する）

る・思い切ることが得意であり，別の側面からいえば理想・良心・責任感・批判などの価値判断や道徳，強さや厳しさ（ある意味で威厳），信義（約束や義務をはたすこと），分析的，目的・方向性，原理・原則に基づく思考などを主とした特性である。なお，父性，母性を簡単に測定する道具として，東大式エゴグラム（表2-1）がある。

　母と子の関係は，子どもが母親の胎内にいた関係もあり，肉感的・感覚的であるのに対し，父と子の関係は道徳的・信義的であるところに，父親と母親の違いを見て取ることもできる。母親は愛の基地そのものであり，父はその基地

から社会に飛び立たせる（独り立ちさせる）役割をもつ，といってもよい。飛び立つには，着陸する方向や場所（目的）があったほうがよく，また自らの価値観をもっていたほうが飛行途中に多少トラブルがあっても乗り越えていく力となる。また原理・原則的思考ができるために応用性は豊かであり，過去にこだわらず（捨て切り），威厳をもって仲間（家族，職場，地域社会など）をひっぱることができる。こうした「父性」が今の日本から消えつつある。

　もともと，母性社会といわれる日本ではあるが，さらに父性は喪失し，善い―悪い，自分のもの―人のもの，の区別があいまいになりつつある。家庭をひっぱる力（家庭の勢いにつながる）も喪失し，言葉を換えれば，家庭がどの方向をむいて進むべきかの価値（哲学）もなくなってきている。父親は，子どもと友だちのように関わる（つまり，威厳を発揮できず）か，子どもとの関わりから逃げてしまっているか，で父性モデルを与えることはできない（もっとも父性モデルになるような父親はほとんどいない）。いじめられる子ども，不登校の子ども，緘黙の子ども，などの多くに父性の欠如を感じさせられることは多い。

2　「満足」と「楽しい」の欠如

　母性は子どもに満足感を与える。言葉を換えれば，不安を低下させ，人に対する安心・安全・信頼の感情を育てる。幸せ，ホッとする感じととらえてもよい。この母性は前述のエゴグラムの NP（Nurturing Parent）で知ることができる。もちろん小学校5年生頃からは思春期に入るので，NP が高過ぎるといわゆるおせっかいやきになってしまい，子どもはうっとうしく感じる。したがってその頃からは多少は下げた方がよい。しかし，乳児期から NP が低下している親では，子どもが満足感を得ることなく育ってしまい，対人的な不安を引き起こす可能性が高まる。天真爛漫さ・無邪気さはエゴグラムの FC（Free Child）で知ることができるが，FC は人生を楽しんでいる感じとしてとらえることができる。この楽しい感じは，子どもにすれば遊びと同義の場合も多いだろう。乳幼児期から家族ぐるみで楽しく遊べる家庭に育った子どもは，やはり

自己を表現するだろうし，社交的に友だちと交流することが可能になる。

臨床的な経験からいえば，不登校や引きこもり，また他者に対する攻撃やちょっかいなど，強い対人不安をもつ子どもは，このNPとFCが低下している場合がほとんどで，その親もまた同様な傾向を示すことが多い。祖父や祖母，兄弟姉妹含めて，家族全員が同様な傾向を示す場合もある。

カウンセリングなどで，親がNPとFCを上昇させた場合，子どもの行動は改善することも多いが，できれば脳に柔軟性がある8～10歳頃までがより効果的である。このことは，もう一度乳幼児期に戻し，心をつくり直す試みだといってもよい。退行現象を意図的に起こす方法であり，保育所・幼稚園，小・中学校でも，教育相談の主な手法として確立してほしいものである。

引用文献

（1）　NHKスペシャル　驚異の小宇宙・人体Ⅱ　脳と心　1998。
（2）　大木幸介　やる気を生む脳科学　講談社　1993　P. 109。
（3）　貝谷久宣　脳内不安物質　講談社　1997　P. 63。
（4）　澤口俊之　わがままな脳　筑摩書房　2000　P. 190。
（5）　平山諭　発達と心の問題への対応　坂原明編　保育のための教育心理学　ブレーン出版　2000　Pp. 140-141。
（6）　平山諭　ADHD児の攻撃性と母親の母性との関係―「キレる」に着目して―　中四国保育士養成協議会総会報告書　平成14年度　2002。
（7）　福島章　子どもの脳が危ない　PHP新書　2000　Pp. 16-19。
（8）　ホブソン, J. A.（澤口俊之訳）　別冊日経サイエンス　意識と脳　日経サイエンス社　2001　P. 49。

参考文献

（1）　生田哲　脳と心をあやつる物質　講談社　1999。
（2）　Newton 心と脳の世界　ニュートンプレス　2002。
（3）　仙波純一　心の信号ネットワーク　こころの科学100　日本評論社　2001。
（4）　生田哲　脳の健康　講談社　2002。
（5）　平山諭　ADHD児を救う愛の環境コントロール　ブレーン出版　2001。

（平山　諭）

> コラム

昔話の中に宿るもの

　かつて，体が弱く育ちが遅い子どもを，儀礼的に河原に捨てたり，タライに入れて川に流し，予め依頼しておいた人に拾ってもらう風習があったという。

　また，産まれて七日目に赤子を雪隠（厠，便所）や橋のたもとに連れて行くというセッチンマイリやハシマイリの風習では，赤子はその「お参り」の後に命名されたという。名づけはこの世の存在として認めることであり，これらお七夜の風習は，川や水場を入口とする異界に赤子が引き戻されるのを防ぐ，産育儀礼のひとつであったと考えられている。

　ここで思い出されるいくつかの昔話がある。

　ツンブリコンブリ流れてきた瓜から生まれる「瓜子姫」のお話。ドンブラコと流れてきた桃から生まれる「桃太郎」のお話。そして，いくら架けても流されてしまう川の橋をめぐって鬼との駆け引きが展開される「大工と鬼六」のお話。さらに，小僧が雪隠の神様にお願いして山姥から逃れる「三枚のお札」のお話。どれも昔から語り継がれ，現在でも子どもたちに親しまれている昔話である。そして，これらの昔話には，かつての人々の暮らしや自然観，生命観といったものが色濃く投影されているといえるだろう。

　おばあさんが川に洗濯に行き子どもを授かる瓜子姫や桃太郎の話には，水をつかさどり幸いも災いももたらす水神様への信仰とともに，こうした水場が，この世と異界との境にあることを想起させる。また，洗濯が衣類を洗うことだけでなく，みそぎの為の沐浴や「命の洗濯」に通じることを思い出させる。そういえば「鬼の居ぬ間の洗濯」というのもある。

　大工と鬼六の話も異界に通じる川が舞台だ。大工の目玉と交換に橋を架けた鬼は「自分の名前を当てたら目玉はいらない」という。困り果てた大工に鬼の名を伝えるのは，村の子どもたちが歌う遊び唄である。名前を当てることは，たいへん重要なことなのだ。

　三枚のお札の一枚を投げると出てきたのは川だった。山姥と小僧を隔てる川は，こちらの世界への侵入を防ごうとする境界線としてある。そして，雪隠の神様は小僧の代わりに返事をして小僧を山姥から逃がしてくれた。

　子どもや妊産婦の守護者として雪隠（厠）に神が宿ることは，各地に伝わるさまざまな風習からも知られている。私も義母に「便所掃除をするときれいな子が生まれる」と教えられ，妊娠中は雪隠掃除に精を出したものだ。

（天野　珠路）

第3章

人のこころの発達

　人のこころの一生は、「自分」というものが芽生え、成長し、変化していく激動の過程である。その道のりは、危機、ストレス、不安といった負の要因だけではもちろん成り立たない。しかし、癒し、安心、喜びといった正の要因だけということはありえない。つまり、正負両方の要因がうまくかみ合い、調和する中で人のこころは発達していくのである。

保育や教育の場面において，子どものこころの発達を支えていくためには，目の前の子どもがどのような心理的状況にあるかを理解する必要がある。ところが，こころは目に見えないものであるだけに，これを理解するのは決して簡単なことではない。

　そこで，第3章では，人の生涯を新生児期・乳児期から老年期までの6つの段階にわけ，各時期でどのような心理的特徴がみられるのか，その特徴にはどのような背景や意味があるのかといったことを臨床心理学の観点から述べていくこととする。特に，保育や教育の際の手がかりとなるよう，新生児期・乳児期から青年期に重点をおいて述べる。

キーワード
・"自分"の発達　・癒し　・対人関係

I こころの発達のイメージ
―― 癒しと発達 ――

　最近，癒しという言葉をよく耳にする。おそらく，多くの人々が趣味，旅行，温泉，エステ，親しい人との語らいなどによって日頃のストレスを発散し，疲れを癒したいと思っているのであろう。しかし，癒しにはストレス発散や疲労回復だけでなく，自分をリフレッシュさせ，生き生きとした自分を取り戻すことによって，再び日常生活に戻っていくことができるという意味がある。つまり，われわれは癒しを通じて，職場や学校，家庭などで課されている役割や業務から自分を一時解放し，本来の自分を取り戻すことができるのである。

　われわれが人格をもった一個人として生きていく上で，生き生きとした"自分"，自分らしい"自分"はきわめて重要である。そして，このような"自分"は癒しに支えられている。では，人の生涯において，どのように"自分"が形成され，そこに癒しはどのような意味をもって関わっているのだろうか。ここでは，このような観点からこころの発達をたどっていくことにする。

II 新生児期・乳児期

　医学的には一般に生後1～2週間を，心理学的には生後1カ月までを新生児期という。また，その後1歳までを乳児期という。

1　新生児期・乳児期における"自分"の発達
　1900年代のはじめ，精神分析の創始者であるフロイト（Freud, S.）は，人の心の内側にはリビドーという心的エネルギーがあり，これが加齢にしたがってどのように変化していくかという観点から心の発達を説明した。生後1歳半くらいまでの赤ん坊の場合，母親の乳房を吸い，母乳を飲むことで大きな満足を得ていること，手にした物は何でも口にもっていくことなどから，リビドーが

口や唇に集中していると考え,この時期を「口唇期」と呼んだ(フロイト,1969)。

1950年代に入ると,母子関係の観点から心の発達が研究されるようになった。アメリカの精神分析家・マーラー(Marler, M. 1981)は,赤ん坊と母親との関わりをビデオに記録し,週に1～2回観察し続けた。その結果,誕生直後から3歳くらいまでの間に,赤ん坊の心には母親との関係を通じて徐々に"自分"というものが芽生え,「心理的誕生」に到達することが明らかになった。これは「分離―個体化過程」と呼ばれ,赤ん坊の心の発達に関する重要なモデルとなっている。表3-1は,分離―個体化過程のうち,1歳までについてまとめたものである。

2 "自分"の発達と癒し

(1) 母子関係における癒し

イギリスの精神分析家・ボウルビィ(Bowlby, J. 1976 ; 1977 ; 1981)によると,赤ん坊は泣く,ほほえむ,発声するなどによって母親を自分に引きつけようとする「発信行動」と,みる,つかむ,しがみつく,吸うなどによって母親に自分から近づこうとする「接近行動」を生まれながらにもっている。そして,これらの行動が自然と母親になげかけられることによって,母子間に「愛着」と呼ばれる心理的な絆が作られる。

たとえば,赤ん坊がしがみついたり泣いたりすると,母親は自然と赤ん坊を抱き,背中をぽんぽんと軽くたたき,ゆするだろう。すると赤ん坊は癒され,落ち着き,安心する。また,赤ん坊の泣き声によって母乳の分泌が促される(花田,1987)と,赤ん坊は母乳を飲み,空腹の不快感を癒すことができる。さらに,お互いの体のにおいによって愛着が形成される(花田,1987)が,赤ん坊がにおいによって母親の存在を感じ取ることができれば,孤独を癒すこともできよう。

さらに,母子関係における愛着や癒しは,赤ん坊の心に"自分"の核を育んでいく。アメリカの精神分析家・エリクソン(Erikson, E. H. 1973)によると,

第3章 人のこころの発達

表3-1 マーラーの分離—個体化過程（0～1歳）

時期	時期の名称	特徴	心理学的な意味
1～2カ月	正常な自閉期（未分化期）	1日の大半を眠って過ごし，食事，排泄，体温調節などは全面的に母親（養育者）に依存している。そのため，空腹などの不快感が母親の世話によってみたされるが，赤ん坊には母親という特定の人物が食べさせてくれたという認識はなく，満腹であるという快の感覚だけがある。	自分と他人の区別，自分の内側のことと外側のこととの区別がない状態にあり，赤ん坊にとっては，母親（養育者）と自分とが融合し，一体化した状態にあると考えられる。心理的には胎児期の名残りであるといえる。
3～4カ月	正常な共生期（未分化期）	母親がある特定の人物であるということがわかり始める。そして，空腹などの不快感が自分からなくなること，あるいは満腹など快の感覚が自分に生じることが，母親の存在と結びつけられるようになる。しかし，赤ん坊にとっては，不快の消失や快の獲得は，ごく当然で，いつでも思い通りになるという感覚がある。	徐々に内と外の区別がつくようになってくるが，まだぼんやりとしたものであり，赤ん坊にとって母親という存在と自分との区別も不確かである。
5～8カ月	孵化または分化期（分離個体化期）	母親の衣服をさわる，母親の顔をしげしげとみつめる，母親の髪や耳，鼻をひっぱるといったことがよく見られるようになる。また，「8カ月不安」と言われるような人見知りがみられるようになる。	外への関心が高まり，赤ん坊は母親と母親でないものを区別し，母親が自分とは別個の存在であることを確認する。こうして，自分というものが芽生え始める。
9～13カ月	練習期（分離個体化期）	はいはいだけでなく，つかまり立ちやよちよち歩きもできるようになると，母親から少し離れ，おもちゃやほ乳瓶などに関心をもち，手や口を使って探索するようになる。しかし，これらの行動は母親が自分から見えるところにいる場合に限りみられる。そのため，母親から少し離れても母親のもとにもどっては接触を求める。また，母親がいなくなってしまうと，不安な表情になったり，元気がなくなる。	運動能力の発達により行動半径も広がると，外の世界への関心がさらに強まる。しかし，1人でいられるというほどにはまだ自分というものが作られていないために，あたかも母親を安全基地にして，外の世界に足を踏み出す練習をしているかのようである。

	1	2	3	4	5	6	7	8
Ⅷ 老年期								統合性 対 絶望
Ⅶ 成人後期							世代性 対 停滞	
Ⅵ 成人前期						親密性 対 孤立		
Ⅴ 思春期 青年期					アイデンティティ 対 アイデンティティ拡散			
Ⅳ 児童期				勤勉さ 対 劣等感				
Ⅲ 幼児後期			自主性 対 罪悪感					
Ⅱ 幼児前期		自律性 対 恥・疑惑						
Ⅰ 新生児期 乳児期	基本的信頼 対 不信							

図3-1 エリクソンの発達図式
（本章の構成にしたがってⅠ～Ⅷの時期名を変更した）

母親が赤ん坊の求めにあわせて一つ一つ世話をするが，これにより赤ん坊は愛情を取り込み，自分が生きる世界を信頼でき，自分自身も信頼できるようになる。エリクソンはこれを「基本的信頼感」と呼び，「健康な人格の第一構成要素」であると述べた。図3-1はエリクソンによる発達の図式である。また，イギリスの精神分析家・ウィニコット（Winnicott, D. W. 1977）によると，母親が赤ん坊に自分を没入させるかのようにして世話に徹することで「抱える環境」が作られ，赤ん坊は強いストレスから守られる。そして，何か行動を起こすこと（doing）がなくても，ただそこにいるということ（being）を承認される。このような癒しの体験により，「真の自己」という"自分"の核が作られ，赤ん坊は「『わたしはここにいる』という感じを体験し，近づいてくるあらゆるものに対応する備えができる」。

スイスの乳幼児精神医学者・スターン（Stern, D. N. 1989）によると，生後9カ月くらいになると母子間に「情動調律」といわれるコミュニケーションが増える。情動調律の例をあげてみよう。

生後8ヵ月半になる男の子が，もうちょっとで手の届きそうなところにあるおもちゃに向かって，手を伸ばす。黙々と，それに向かって身を伸ばし，体を傾かせながら，腕や指を思いっきり伸ばすが，それでもまだおもちゃには届かない。そこでその子は残りの数インチを絞り出そうと体を伸ばす。その時母親が，力を込めて体から空気を吐き出すように，"ウー，ウー"と，次第に強くなるような調子で声をかける。この時，次第に強まる母親の声と呼吸の効果が，乳児の徐々に強まる身体的効果に一致している。(スターン，1989)

このように，スターンは赤ん坊の感情表現に対し，共にいて，同じように調子をなぞり，ありのままにつきあってくれる他者を「自己調節的他者」と呼び，赤ん坊の興奮や不快感を癒すことを明らかにした。また，アメリカの精神分析家・パイン(Pine, F. 1993)も，興奮，緊張，空腹などの強い不快が癒され，「静かな快」が得られることを重視した。そして，両者とも，これらの癒しにより，赤ん坊の心に安心して存在できる感覚が根を張り，"自分"の発達の起点になると述べた。

(2) 周囲の人々の協力

しかしながら，以上のような見解が，母親は赤ん坊に完全な愛情を注がなければならないという幻想や，子どもの心理的問題は全面的に母親の愛情不足が原因であるという誤解の背景となっているところがある。そうではなく，父親，祖父母，母親仲間，保母といった人々が母子関係をサポートすることによってはじめて子どもの心の発達は進むのである。

Ⅲ 幼児前期・幼児後期

1歳から3歳までが幼児前期，4歳から小学校に入学するまでが幼児後期である。

1 幼児前期における"自分"の発達

(1) 自律性の発達

フロイト(1969)によると，幼児前期は「肛門期」と呼ばれ，筋肉の発達に

表3-2 マーラーの分離—個体化過程（2〜3歳）

時　期	時期の名称	特　徴	心理学的な意味
14〜24カ月	再接近期 （分離個体化期）	歩くことができるようになると，母親からの分離がさらに拡大し，荒々しく飛び出していくような時がある。しかし，母親の後追いやしがみつきといったことも同時にみられ，両極端の姿を見せる。また，情緒不安定になりやすく，かんしゃくを起こしたり，母親を自分のものとしてコントロールし，強制するかのような行動もみられる。	母親から分離がしやすくなった分，分離することへの不安も強くなる。そのため，自分が一人立ちできる喜びと，そのことの不安・悲しみを交互に味わっており，不安定になりやすいと考えられる。
25〜36カ月	対象恒常性の獲得 （分離個体化期）	母親が目の前にいなくても耐えられるようになる。また，母親との適切な心理的距離をもつことができるようになり，関係が安定する。さらに，言語の獲得など，コミュニケーション能力の発達もみとめられる。その結果，友だちなどと関わることができるようになる。	実際に母親がいなくても，心の中に母親像を保持でき，また，自分というものが確かになり，安定した母離れができる。

よって大便の排泄をある程度自分でコントロールできるようになる。また，エリクソン（1973）によると，子どもが養育者との間で安心して排便の訓練（トイレット・トレーニング）ができたり，うまくできた時にほめてもらったりすると，自分でコントロールできるという自律の感覚が育まれ，"自分"の発達が進む。しかし，排泄の失敗が続き，しかも失敗をひどくとがめられたりすると，恥の感覚や，周りが上手にできないようにしているのではないかという疑いの感覚が強まり，"自分"の発達に困難が生じる。エリクソンは，このような観点からこの時期の発達のテーマは「自律性 対 恥・疑惑」であると述べた。

(2) 心理的な自立

マーラーの分離—個体化過程において，この時期は再接近期，個体化期に相当する（表3-2）。再接近期では，筋肉の発達により独り歩きが上手になり，母親からの分離が進む。ところが，母親からの分離には，喜びと同時に不安や悲しみが生じるため，相反する感情の間で不安定になったり，かんしゃくを起

こすことがある。あるいは，反抗的になり，母親のもとを飛び出していくかと思うと，母親に甘え，しがみついて離れないという両極端の姿を見せるようになる。しかしながら，個体化期に入ると，心の中に母親のイメージを根付かせることができ（対象恒常性の獲得），目の届くところに母親がいなくても，不安をある程度自分でコントロールし，安心していることができるようになる。ウィニコット（1977）はこれを「一人でいられる能力」と呼んだ。

2 幼児後期における"自分"の発達

(1) 男らしさ，女らしさの発達

　フロイト（1969）によると，幼児期後期は「男根期（エディプス期）」と呼ばれる。これ以前は，母子の密接な二者関係が中心であったが，この時期には父親をまじえた三者関係に移行していく。男の子は，母親に対して愛情を強くもつが，父親に対しては，あたかも恋敵であるかのような敵意をもったり，そのため罰せられるのではないかという「去勢不安」を抱いたりする（エディプス・コンプレックス）。その後，母親からの心理的分離ができ，父親のようになりたいという希望をもつことができると，父親の強さを取り込んでいく。こうして男の子らしさの発達が進み，また，戦いごっこやヒーローへのあこがれが増え始める。女の子の場合は，父親に愛情を，母親に敵意や不安をもつが，次第に母親の女性らしさを取り込むようになる。そして，女の子らしさの発達が促進され，ままごとや人形の着せ替え遊びに夢中になる。

(2) 内的規範と自主性の発達

　親をモデルとして取り込むことによって，子どもの心には理想，良心，善悪の判断といった内的規範が発達し，社会に適応した形で自発的なふるまいができるようになる。しかし，これに失敗すると，反社会的な逸脱行動が目立つようになったり，罪悪感にとらわれすぎて自分らしくふるまうことができなくなる。このような観点から，エリクソン（1973）はこの時期の発達のテーマは「自主性 対 罪悪感」であると述べた。

3 "自分"の発達と癒し

心理的な分離や自立,あるいは自律性や自主性といった"自分"の発達は,さまざまな癒しに支えられて進んでいく。

(1) 移行対象

この時期の子どもは,眠るとき,母親が留守のとき,はじめての場所に行くときなどに,ぬいぐるみやおしゃぶりなどを肌身離さず持っていたり,毛布やシーツを大切そうに握ったり吸ったりする。ウィニコット(1977)はこれらの物を「移行対象」と呼び,母親から分離する不安を癒し,心理的な自立を支える役割をもっていることを明らかにした。

(2) ほどよい母親,安全基地としての母親

母親は赤ん坊に対して細心の注意を払って世話をするが,幼児期には自然にその関心を少しずつ減らし,「ほどよさ」を発揮するようになる(ウィニコット,1977)。これにより,母子間に無理のない形で心理的距離が作られ,母親は「安全基地」(ボウルビィ,1976;1977;1981)のような存在となる。つまり,子どもは母親から心理的に分離し,外の世界へと関心を向けていくのだが,そこで危険を感じれば母親のもとに一時帰還でき,安心という心のエネルギーを補給できる癒しの環境が存在するのである。これにより,子どもは外の世界の探索を楽しみ,安心して行動範囲を広げていくことができる。

(3) 父親の役割

子どもの心理的分離や心理的自立が進む中で,しばしば母親は反抗的な子どもに腹立たしくなったり,母親を一番好きでいてくれたはずのわが子がある日突然自立して,自分のもとを離れていってしまうような不安にかられる。その結果,母親がほどよさを発揮できず,子どもが分離しないように溺愛したり怒ったり,あるいは愛情の全面撤去をほのめかすといった極端な対応をとると,子どもに「青年期境界例」などの心理的問題の基盤を作ることになる(マスターソン,1979)。そのため,父親が母親の不安や混乱を癒したり,子どもと楽しく遊ぶことによって,心理的自立に伴うストレスを癒すことが重要となる。

Ⅳ 児 童 期

小学1年生（7歳）から小学6年生（12歳）までについて述べる。

1 児童期における"自分"の発達
(1) 勤勉さの発達

フロイト（1969）によると，児童期は「潜伏期」と呼ばれ，リビドーが一時的に不活発になる時期である。また，エリクソン（1973）によると，読み，書き，算数といった学校教育を通じて，リビドーが知的・社会的関心へと方向づけられ，社会で必要とされる技能の習得に勤勉になることが重要である。しかし，これに失敗すると，自分は劣っているという感覚が強くなる。このような観点から，エリクソンは「勤勉さ 対 劣等感」がこの時期の発達的テーマであると考えた。

(2) 対人関係の広がり ── ギャングとチャム

児童期には，行動範囲が広がり，対人関係も親子関係から仲間などとの関係へと広がっていく。

児童期前半はギャング・エイジと呼ばれ，同性同年代の仲間5～6名によるギャング集団が作られる。ギャング集団にはメンバー間の上下関係があり，また，集団独自の目標，ルール，隠語をもつなど，結束が強い。その結果，排他的となり，いじめを引き起こすこともあるが，基本的には子どもの心の発達を促進するものである。たとえば，秘密基地を作るなどの遊びを通して，子どもは競争や協力，思いやりや助け合い，義務や責任，ルールの遵守や集団への忠誠心，目的の達成や困難の解決，リーダーシップやリーダーに従うことなど，さまざまな社会性を獲得していく。

児童期も後半になると，特定の親しい友人との関係が展開していく。サリヴァン（1976）は，同性同年代で，多くの時間をともに過ごし，さまざまな感情を分かち合い，相手の幸福や悲しみが自分にも同様に重要だと感じられるよう

な親友のことを「チャム」と呼んだ。チャムとの関係には，親子関係のなかで作られた価値観や内的規範をより自分らしいものに修正・確認する，あるいは，その後の人生で安定した対人関係を築く基盤を育むといった発達的意味合いがある。

2 "自分"の発達と癒し

児童期は他の時期に比べて平穏だといわれる。しかしながら，社会（学校・仲間）との関わりが増えるのにしたがい，盗み，のぞき見，露出などの反社会的行動が生じたり，心理的分離の過程が逆戻りし，爪かみなどの習癖が生じる危険性もある。

このような児童期の子どもにとって，ギャング集団で楽しく遊ぶことや，チャムと心ゆくまで話すことは重要な癒しである。さらに，これらの仲間との関わりを通して，スポーツ少年団や塾に入る，切手やカードを収集するなど，心のエネルギーが社会に適応したものとなるよう方向づけられる。また，子どもが両親に学校や仲間関係のことを話すことで安心して毎日を楽しむことができれば，親子関係も心の発達を支える癒しとなる。

Ⅴ 青 年 期

13〜30歳までについて，前半を思春期，後半を青年期として述べる。

1 思春期における"自分"の発達

(1) "自分"の揺れ

思春期は子どもから大人への移行が始まる時期である。特に身体と性の発達（第二次性徴）は急激であり，それにともなって，心にも著しい変化が生じるため，この時期は「疾風怒濤の時代」（ホール，1910）といわれる。フロイト（1969）も，成人の性器性欲が発達し始めることから，この時期を「性器期」と呼んだ。

男子では体格ががっしりし、体毛が濃くなり、声変わりや精通がみられる。女子では乳房のふくらみや初潮がみられる。その結果、自分が大人になりつつあるという意識や、自分が男性あるいは女性なのだという意識（性同一性意識）が触発され、鏡を見ることが増えたり、自分の体型や容貌を気にしたりする。さらに、男子ならたくましくあろうと体を鍛えるだろうし、女子ならダイエットやおしゃれに気をつかうようになるだろう。このように、自分自身に対するイメージ（自己像）が揺れ動き始め、"自分"ということが、ぼんやりとではあるが強く意識され始める。

しかし、思春期では"自分"をはっきりさせ、しっかりとした生き方を見つけていくことはまだまだ難しい。また、性衝動の高まりを大人のようなやり方で満足させたりコントロールすることは困難である。その結果、発達しはじめた大人っぽさとまだ残っている子どもっぽさの間で右往左往したり、変わりゆく"自分"をもて余したりして、わけのわからない不安を感じ、どこかいらいら、そわそわしがちになる。さらに、"自分"に自信をもてず、他人にどう見られているかをしきりに気にしたり、時には自分はダメな存在だという感覚が高じて、生んでくれと頼んだ覚えはないとやり場のない気持ちを親にぶつけたりもする。

(2) 第二の分離 — 個体化

"自分"に対する意識が高まるにつれて、心理的自立の動きが強まる。これは「第二の分離 — 個体化」（ブロス, 1971）と呼ばれる。

たとえば、親に秘密をもつ、自分の部屋に勝手に入るなという、自分の部屋で友だちと長電話をする、専用の携帯電話をもちたがるなどのように、自分のプライバシーを守ろうとすることがみられる。また、親に反論し、反抗的な態度で自分の意見を主張したりもする。これらのことは、親の世界と一線を引くことで自分の世界を築き、"自分"を明確にしようとする試みだといえる。

2　青年期における"自分"の発達

青年期に近づくにしたがって、"自分"に対する問いかけはさらに明確にな

り，自分とはどういう存在なのか，何のために生きているのか，自分らしさとは何か，といったものに発展していく。エリクソン（1973）はこれを「アイデンティティの探求」と呼んだ。

アイデンティティを確かなものにするためには，「モラトリアム」（エリクソン，1973）というしばしの猶予期間が必要である。モラトリアムの間，青年はアルバイト，留学，旅行，政治活動などを通じてさまざまな社会的役割を演じたり，さまざまな集団の価値観に接していく。このような状態は，一見して無意味な足踏みに見えるが，"自分"を確立するために実験や探索を行ない，準備を重ねていくという積極的な意味がある。しかしながら，"自分"のあり方を明確にできないままだと，混乱しやすく，決定することを一切拒否して何事にも無関心になるという「アイデンティティ拡散」の状態に陥ることになる。このような観点から，エリクソンは青年期の発達のテーマは「アイデンティティの確立　対　アイデンティティ拡散」であると述べた。

3　"自分"の発達と癒し

思春期・青年期における"自分"探しや大人への移行はまさに疾風怒濤の様相で進むものである。それだけに，この時期に癒しの体験を得られるかどうかは重要な問題である。

まず，チャムのような親友との間で，性の悩みや不安，自分に対する自信のなさなどを共有することは，癒しとなる。また，発達の同伴者を得ることにもなる。次に，特に青年期には，年上の先輩やおじのような人物と親密で信頼できる関係を築くことが重要な癒しとなる。このような対人関係は「斜めの関係」（笠原，1977）あるいは「ニュー・オブジェクト」（小此木，1976）と呼ばれ，親とは違う発達の新しいモデルとなって，理想の"自分"（自我理想）の発達を促進することにもなる。さらに，親子関係での癒しである。幼児期における分離—個体化と同様に，心理的自立は即座に完了するものではなく，反抗的で親を寄せつけない時と，愛情や保護を求めて甘えてくる時の両極端を行きつ戻りつしながら，徐々に進むものである。したがって，周囲の大人は，頭ごなし

に，まだ子どものくせに生意気だ，と叱ったり，かと思うと，もう子どもじゃないんだからちゃんとしなさい，と叱ったりして，いたずらに葛藤を助長することなく，成長を見守り，必要に応じてエネルギーを供給する「安全基地」のような存在であることが大切である。

Ⅵ 成 人 期

30～65歳までについて，前期と後期にわけて述べる。

1 成人期前期における"自分"の発達と癒し

エリクソン（1973）によると，この時期は「親密性 対 孤立」が主要なテーマである。つまり，アイデンティティがある程度確かなものになっていると，"自分"を基盤として特定の異性と今まで以上に親密な関係を営み，結婚し，子どもを生み，家庭を築くようになる。しかし，そのような対人関係を営むと"自分"がなくなるかのような不安を強く感じると，孤立の状態に回避することになってしまう。

この時期には，職業人であること，親であることなど，さまざまな役割によって"自分"が規定され，比較的はっきりしている。そして，マイホーム，子育て，仕事に夢や目標をもち，日々邁進している。しかし，1人で仕事や子育てを背負い込むという孤立の状況が続くと，「燃え尽き」に陥りやすくなる。また，子どもの夜泣きや分離―個体化によって疲労が重なり，育児ノイローゼや虐待が生じる危険性がある。したがって，配偶者，同僚，友人といった親密な他者との間で癒しや協力を得て，"自分"を維持することが重要となる。

2 成人期後期における"自分"の発達と癒し

40歳を過ぎ，人生の折り返し点にさしかかってくると，体力が衰え無理がきかなくなる，病気がちになる，更年期を迎える，物忘れが多くなるといった変化が生じる。また，自分の親や同世代の親しい人との死別が多くなる。その結

果,自分がもう若くはなく,人生に限りがあるということに直面させられる。さらに,子どもが成長し,自立すると,いわゆる「空の巣症候群」に陥り,自分の人生の目的が失われたように感じられる。こうして,今までの"自分"は何だったのか,これからの"自分"はどうあるべきなのか,といったことが問い直され始め,アイデンティティの再編成あるいは再体制化といったことに直面していく。

このような中年期危機に対しては,親密な他者と苦悩を分かち合い,"自分"が認められ尊重されるという,癒しの体験が重要となる。これにより,今までの"自分"は意味あるものであり,これまで通りに生きることが自分らしいと確認したり,あるいは,趣味など,仕事や子育て以外に"自分"のために打ち込みたいと思うことを新たに発見することが重要である。また,エリクソン(1973)によると,単に子どもを生み育てることだけでなく,思想,技術,文化などを豊かなものに育み,自分の世代から次の子孫の世代に継承していくことによって,"自分"がさらに豊かになっていく。しかしながら,社会的な行動が停滞すると,"自分"というものが混乱する。このような観点から,エリクソンはこの時期の主要な発達的テーマは「世代性 対 停滞」であると述べた。

Ⅶ 老 年 期

65歳をすぎると,体力や記憶力の衰えはさらに加速し,死がすぐ近くに感じられるようになる。

エリクソン(1973)によると,この時期の心理的なテーマは「統合性 対 絶望」である。つまり,自分の人生の総決算をし,肯定的な側面も否定的な側面もすべて含めて「自分の唯一の人生周期を,そうあらねばならなかったものとして,またどうしても取り替えを許されないものとして受け入れ」ることが理想的である。そして,自分の生涯が,死後も世代を越えて意味をもち続けると感じられた時,自分の死を受け入れることができ,周囲の人々と「生き生きと

したかかわりあい」ができる（エリクソンら，1990）。逆に，この統合に失敗すると，自分の人生を無意味なものとしか感じられず，深い絶望感や嫌悪感に襲われ，厭世的になったりする。

しかしながら，このような統合の作業は決して容易ではない。このことは，自分の人生が個性あふれるものとして尊重されており，自分なりの生涯を全うしようとしていることを認められているという癒しの体験を通してはじめて可能になっていくものであろう。

Ⅷ　癒しと発達の現在

1　癒しの意味

これまでに述べてきたように，われわれの生涯にはさまざまなストレスや危機があり，その都度，対人関係の中で癒しを得ている。この積み重ねによって"自分"の発達が進むのであり，したがって，癒しのもつ発達的意味はきわめて大きいといえる。しかしながら，癒しはストレスをなくすのではない。むしろ，癒しはわれわれが安全にストレスや危機を体験できることを助け，さらにその体験を"自分"の発達へとつないでいく役割を果たすものである。つまり，適度なストレスと，そこでの不安や葛藤を必要に応じて癒す対人関係の両者が，ちょうど車の両輪のようにうまく調和することによって，心の発達は進むのである。

2　発達の今日的特徴

最後に，心の発達に関わる今日的特徴をいくつかあげておく。第1に，結婚や家庭に関する価値の多様化である。特に，離婚やいわゆるシングル・マザーが急増している。第2に，生活環境の変化である。核家族化によって家庭から祖父母がいなくなる，地域や近所とのつきあいが減るなど，従来のような子育て支援が得られにくくなっている。第3に，子どもの遊びに関する変化である。自然な遊び場の減少，塾や習い事の増え過ぎにともない，ギャング集団の形成

そのものが困難になっている。また，バーチャルリアリティ（仮想現実）をうたったテレビゲームの普及が，チャムなど現実の仲間関係を減らす可能性がある。第4に，発達加速現象である。近年，身体や性の成熟の開始が早まっているが，十分な心の準備なくして身体や性の発達が始まると，混乱が深刻化するおそれがある。第5に，青年期の延長である。高学歴化による青年期の延長が指摘されており（笠原，1977），それとともに，いつまでも定職に就かずアルバイトを転々とし，アイデンティティが定まらない「モラトリアム人間」（小此木，1978）が増えているといわれる。これらの諸問題を見据えながら心の発達を支援することが，保育と教育の現場でも求められてきている。

引用文献

（1）ウィニコット，D. W.（牛島定信訳）情緒発達の精神分析理論　岩崎学術出版社　1977。
（2）エリクソン，E. H.（小此木啓吾訳）自我同一性　アイデンティティとライフ・サイクル　誠信書房　1973。
（3）エリクソン，E. H., エリクソン，J. M., キヴニック，H. Q.（朝長正徳・朝長梨枝子訳）老年期　生き生きしたかかわりあい　みすず書房　1990。
（4）小此木啓吾　青年期精神療法の基本問題　笠原嘉・清水将彦・伊藤克彦（編）青年の精神病理1　弘文堂　1976　Pp. 239-294。
（5）小此木啓吾　モラトリアム人間の時代　中央公論社　1978。
（6）笠原嘉　青年期　中央公論社　1977。
（7）サリヴァン，H. S.（中井久夫・山口隆訳）現代精神医学の概念　みすず書房　1976。
（8）スターン，D. N.（小此木啓吾・丸田俊彦監訳）乳児の対人世界　理論編　岩崎学術出版社　1989。
（9）パイン，F.（斎藤久美子・水田一郎監訳）臨床過程と発達①　精神分析的考え方・かかわり方の実際　岩崎学術出版社　1993。
（10）花田雅憲　新生児期　土居健郎・笠原嘉・宮本忠雄・木村敏（編）異常心理学講座3　人間の生涯と心理　みすず書房　1987　Pp. 1-42。
（11）フロイト，S.（懸田克己・吉村博次訳）性欲論三篇　フロイト著作集5　人文書院　1969　Pp. 7-94。
（12）ブロス，P.（野沢栄二訳）青年期の精神医学　誠信書房　1971。

(13)　ボウルビィ，J.（黒田実郎他訳）母子関係の理論Ⅰ・Ⅱ・Ⅲ　岩崎学術出版社　1976，1977，1981。
(14)　ホール，G. S.（中島力造訳）青年期の研究　同文館　1910。
(15)　マスターソン，J. F.（成田善弘・笠原嘉訳）青年期境界例の治療　金剛出版　1979。
(16)　マーラー，M. S., パイン，F., バーグマン，A.（高橋雅士・織田正美・浜畑紀訳）乳幼児の心理的誕生　母子共生と個体化　黎明書房　1981。

（渡辺　亘）

> コラム

音をめぐって

　木や森の音は木霊。川の音はせせらぎ。鳥のさえずり，犬の遠吠え，葉音，羽音，虫の音，声色，衣擦れ，ささやき，さんざめき…。
　音を表す日本語の語感や響きは，魅力的だ。
　ホトトギスは「テッペンカケタカ」と啼き，梟は「ゴロッチョホーコー」と啼くという。ただし，地方により方言が入り，啼き声も異なるようだ。欧米のニワトリが「コケコッコー」と啼かないのはよく知られている。
　「耳ことば」というのは，民俗学者，柳田国男が用いた言葉で，口から発する「口ことば」──話し言葉──に対応するものだ。人間の聴覚は視覚より早く発達するといわれている。大人が赤ちゃんに語りかける声や口ずさむ歌が，言葉を解さないその小さな耳にも，耳ことばとして蓄積されていく。柳田は「耳ことばがそのまま残り，人の一生を導いている場合がある」と，その著書「児童語彙」で述べている。
　それにしてはあまりに無防備だ。赤ちゃんにとっては明るすぎる，うるさすぎる。静けさのない音の氾濫。人々の生活は，一方的に送り込まれる機械音で溢れている。いや，人間の声でさえ騒音となっているのかもしれない。人々の話す声は，大言壮語する政治家でなくとも日増しに大きくなっている。「大声を出すと知恵が逃げる」と，昔の人は言ったのに。
　さて，幼い頃から音楽に親しみ，情操を養うことが大事だとされている。けれど，子どもたちにどんな音楽をどのように教えればよいのか。歌詞を覚えさせ，直立不動で歌うこと，「ここがドよ」と鍵盤にシールを貼ること，楽器の持ち方を教えること…。
　音楽は動きとともにあったはずだ。田植え，稲刈り，井戸掘りなどの共同作業をする時，共通のリズムや旋律でからだを動かし，声が発せられた。それが歌だ。子どもたちにとっては，毬つき，お手玉，鬼遊びなどの遊びの中で，遊戯歌やとなえ歌として歌い継がれた。
　子どもたちがからだや手を動かして遊ぶ中で息づく鼓動，拍，リズムを大切にしたい。そして，自然の音に耳をすまし，人の声や心に耳を傾け，聴く力を養いたい。
　視覚ばかりが突出している現代だからこそ。

『分類児童語彙』（柳田国男，国書刊行会）

（天野　珠路）

第4章

こころのアセスメント

発達検査の積み木課題に取り組む5歳の男の子。
集中している様子が印象的である。

心理的な問題で苦悩する人を援助しようとする場合，まずその人についてしっかりと理解することが必要である。理解をしないままに関わり・働きかけることは，その相手とこちらの働きかけとがかみ合わず，相手をいっそう苦しい状況・状態に追い込んでしまう危険性をもっている。このため，相談機関においては，相談を開始する時期に，来談者についての情報を集め理解を進め，それを基に援助の方法・方針を検討し選択している。このことを心理アセスメントといい，その代表的な方法に心理査定面接，心理検査，行動観察がある。

　この章では，それらの方法の内容およびそれらを行なう上で留意すべき事柄について学習する。臨床の場における進め方を中心に述べていくが，保育や教育の場においても共通する点あるいは活用できる点が少なくないと考えられる。それらの場において，乳幼児または児童生徒の不適応や心の問題に対して援助しようとする場合にも，まずその子どもについて丁寧に理解することを欠かすことはできない。保育や教育の場において，どのような点を生かすことができるかを考えながら学習を進めてほしい。

（キーワード）
・心理アセスメント　・心理査定面接　・受理面接
・心理検査　・知能検査　・性格検査　・行動観察

第4章　こころのアセスメント

I　心理アセスメントとは

　心理的な問題で来談した人（クライエント）に適切な援助を行なうためには，まずその人を十分に理解する必要がある。クライエント自身およびクライエントを取り巻く環境に関する情報を収集，分析し，クライエントについてできるだけ正確な理解を得，適切な援助方法を決定していく過程を心理アセスメント（心理査定）という。この過程は次の段階に分けられる。①どのような情報を得る必要があるか，どのような方法で得るかという方針を立てる。②資料を収集する。③収集した資料を分析・解釈しクライエントについての仮説的理解を得る。④仮説的理解に基づき援助の方法・方針を決定する。その後，クライエントの利益に役立つことに留意した上で，クライエント本人あるいは保護者，また場合によっては医師などアセスメント依頼者に対して，得られた所見について報告を行なう。

　情報を得る方法には，次の4つがある（Korchin, S. J., 1976）。①本人に直接尋ねる。②その人のことを知っている人に尋ねる。③その人が自然にふるまっているところを観察する。④統制されたテスト状況のもとでその人を観察する。以上は，クライエントまたはその関係者との心理査定面接，行動観察，心理検査に対応し次節以降で述べる。心理アセスメントはこのいずれかの方法あるいはいくつかの方法の組み合わせに基づいて行なわれる。

　収集した資料を分析・解釈して得られたさまざまな知見は，モザイク的に羅列して記述されるのではなく，有機的に結び付けられ，全体としてまとまりをもった理解へと統合されなければならない。これについて岡堂（1998）は，人格を次のA～Dの水準に分けて統合的に記述することが望ましいとしている。

　水準A：生活空間内の脈絡…ある人物が生活空間内でどのように生きているかに関するもの。

　水準B：生活史上のエピソード…現在の生きざまに影響を与えている生活史上の重要な事実やエピソード。

水準C：意識的な自己像…本人が自分について意識的に気づき知っている自己像。

水準D：私的象徴的なコミュニケーション…無意識的，前意識的な内面の情報で本人自身が気づいていない面の情報で，きわめて私的なもので象徴的なものに置き換えられて伝えられることが多いもの。

　このように，査定者は人格を全体的・総合的に理解する枠組みをもつ必要がある。この理解には，クライエントの健康な資質や能力，潜在的な可能性の理解も含まれていなければならない。

　心理アセスメントから得られた理解は，クライエントとのその後の関わりの中で，確かめられ修正されていくものであり，仮説として位置づけられる。ただし，理解があまりにも見当違いであれば不適切な援助が選択され，クライエントの不利益につながりかねない。

　なお，以上の相談当初に行なわれるものとは別に，クライエントの問題が一段落した時点で，変化を確認する，援助の終結についての見通しを立てるなどを目的として心理アセスメントが行なわれる場合もある。また，心理アセスメントの実際の進め方は，拠って立つ理論的立場により，どのような情報を得，どのように推論を進めるかが異なっている。

II　臨床心理学的面接

1　心理査定面接

　心理学的援助を目的とした面接は心理査定面接と心理療法面接に大別される。心理療法面接については第5章で述べられるので，この節では心理査定面接について述べる。心理査定面接はクライエントがどのような問題を抱えているかを明確にし，それに対してどのような援助が最も適切であるかの方針を立てることを目的としている。さまざまな査定法の中で，心理査定面接は最もよく用いられている。特別の用具を必要とせず，クライエントにとっても比較的自然に感じられる状況である。また，心理検査の場合，クライエントの了解が得ら

第4章 こころのアセスメント

れなければ実施できない。さらに，不登校などで本人が来談しない場合には，親や学校関係者との面接による査定以外に方法がない。心理査定面接にはこうした利点があるが，面接者の行動・姿勢がその結果を大きく左右する可能性があり，査定法の中で最も難しい方法ともいわれている。したがって，十分な訓練を受けた人が注意深く実施する必要がある。

心理査定面接の中で最も一般的なものはクライエントの来談当初に行なわれるもので，受理（インテーク）面接あるいは初回面接と呼ばれる。受理面接は1回から数回，多くは1，2回行なわれ，1回の時間は50～90分程度が一般的である。面接は相談担当（予定）者が担当する場合と，経験豊かな相談員が担当しその後相談担当者を決定する場合とがある。受理面接の実際の進め方は，どのような機関か，スタッフの人数や役割分担，面接者の理論的オリエンテーション，クライエントの年齢や問題などによって異なる。

2　受理面接者の仕事

受理面接において面接者の行なう仕事を名島（2000）を基にして説明する。

(1) 耳でする仕事

言葉を媒介とするクライエントとの交流である。クライエントからの自発的発言もしくは面接者からの質問を通して聴取すべき項目には，一般的には次のようなものがある。

①識別情報：クライエントの氏名，年齢，性別，住所，電話番号，所属など。
②現在の問題：どのようなことで悩み困っているか（主訴）。どのようなきっかけやいきさつ・理由で来談したか（来談動機）。いつ頃何をきっかけに問題が生じ，その後問題の内容・程度はどのように推移してきたか。問題や症状のために現在の生活にどのような困難・影響が生じているか。クライエント自身は問題をどのようにとらえ・対処してきたか。クライエントの周囲の人は問題をどのように受け止めどのような態度をとってきたか。現在の問題での治療・相談歴。どのような解決や自

　　　　　身の変化を望んでいるか。その機関また心理療法や心理療法
　　　　　家についてどのような見方・理解や期待をもっているか。
　③生育歴：各年代における重要なできごと，現在までの学校や職場での活動
　　　　　や対人関係の状況（学歴，職歴）など。
　④家庭状況：家族構成，各家族の年齢・職業・性格，家族のこれまでの変遷
　　　　　（家族歴），家族間の関係の特徴，クライエントと他の家族と
　　　　　の関わり方など。
　⑤人格的特性：クライエントは自身をどのような人間だと認知しているか，
　　　　　対人関係の特徴，趣味や興味，価値観や生きがいなど。
　⑥現在の生活状況：1日の生活の流れ，学校や職場での状況，家族や友人と
　　　　　の関わり，現在の興味や楽しみなど。
　⑦健康状態：現在の心身の状態，疾病歴，治療・相談歴など。
　この他，面接者によっては夢などを尋ねる場合もある。聴取を進める際には，面接者が機械的に質問しクライエントが受身的に応えるようなやりとりは好ましくない。クライエントの訴え，話したいことを傾聴し共感的に理解していきながら，クライエントの話の中で聴取すべき事柄に触れられた時に質問を加え必要な内容を聴くという姿勢が必要である。

(2) 目でする仕事

　クライエントが示す非言語的行動へ注目し，時間の推移による変化も含め丁寧に観察することである。クライエントの非言語的行動を菅野（1987）がまとめたものを表4-1に示す。なお，音声については耳を働かす必要がある。

(3) 前論理的レベルの仕事

　クライエントと接していて，面接者の側に生まれてくるクライエント・イメージ，身体感覚，感情などである。たとえば，頭が重くなる，何となくイライラするといった事柄である。ただし，逆転移に代表される面接者側の要因についても十分吟味する必要がある。

(4) 思考を用いる仕事

　上の3つの仕事と相互につながりをもちながら，同時進行的に面接者の頭の

第4章 こころのアセスメント

表4-1 ノンバーバル行動のリスト…カウンセリング場面

1．時間的行動	(1)	面接の予約時間（遅れて来る／早く来すぎる）
	(2)	面接の打ち切り時間（打ち切りたがらない／早く打ちきりたがる）
	(3)	肝心の話題に入るまでの時間
	(4)	話の総量・グループ面接の場合は話の独占量
	(5)	問いかけに対する反応時間（沈黙／など）
2．空間的行動	(1)	面接者や他のメンバーとの距離
	(2)	坐る位置
	(3)	カバンなど，物を置く位置
3．身体的行動	(1)	視線・アイコンタクト（凝視する／視線をそらす／など）
	(2)	目の表情（目をみひらく／涙ぐむ／など）
	(3)	皮膚（顔面蒼白／発汗／赤面／鳥肌／など）
	(4)	姿勢（頬づえをつく／肩が上がったままこわばる／うつむく／身をのり出す／腕をくむ／足をくむ／半身にそらす／など）
	(5)	表情（無表情／顔をしかめる／微笑む／笑う／唇をかむ／泣く／など）
	(6)	身振り（手まねで説明する／握りこぶし／肩をすくめる／など）
	(7)	自己接触行動（爪を噛む／体を掻く／髪をいじる／鼻をさわる／口をさわる／指を組み合わせる／など）
	(8)	反復行動（貧乏揺すり／体を揺する／手による反復行動／ボタン・服・ハンカチなどをもてあそぶ／鼻をかむ／など）
	(9)	意図的動作（指さす／〈同意〉のうなずき／〈否定〉の頭ふり／メモをとる／など）
	(10)	接触（注意をうながすために相手にさわる／握手する／など）
4．外　観	(1)	体型
	(2)	服装（派手／地味／慎み深い／きちんとした着こなし／だらしない着こなし／アンバランスな着こなし／など）
	(3)	髪型（よく変わる／変わらない／手入れが行きとどいている／手入れが行きとどいていない／など）
	(4)	化粧（有・無／濃い／薄い／若作り／セクシー／など）
	(5)	履物
	(6)	携行品
5．音　声	(1)	語調（明瞭／不明瞭・口ごもる／声をひそめる／よわよわしい／抑揚がない／子どもっぽい／吃る／など）
	(2)	音調（ハスキー／かん高い／低い／など）
	(3)	話し方の速さ
	(4)	声の大きさ
	(5)	ことばづかい（正確／不正確／かたい／やわらかい／ていねい／ぞんざい／ことばづかいの一貫性／など）

（出所）菅野（1987）による。

中で行なわれるものである。クライエントの問題はどのような性質のものであるか、問題はどのような要因・過程によって形成されてきたか、どのような人格でありどのようにして形成されてきたかなどについて、面接者が依拠している理論的枠組みに基づいて考えていく。

(5) まとめの仕事

これまでの4つの仕事のまとめにあたる。クライエントはどんな人で、その問題をどのように理解しどのような援助的働きかけをしたらいいかについての総合的考察である。

3 受理面接の流れ

受理面接は一般的には次のような過程で進んでいく。

(1) 面接まで

相談機関の多くは予約制をとっている。予約があった場合には、相談内容や識別情報などとともに、誰が来談するかを確認する必要がある。相談者本人だけでなく同伴者がいる場合には、それぞれに別の面接者が別の部屋で会えるように準備する必要がある場合もある。また、同一の面接者が両者と会う場合には、両者一緒に同席で会うのか1人ずつ別々に会うのか、1人ずつ別々に会うとすればどのような順番で会うのかを検討しておかなければならない。たとえば、中学生以上の子どもが親と一緒に来談する場合、親子同席面接と単独面接では、表4-2（名島, 2000）のような長所、短所が考えられる。

表4-2 受理面接における親子同席面接と単独面接の長所と短所
（中学生以上の子どもの場合）

形　態	長　所	短　所
親子同席で面接する場合	親子関係がどのようなものかを直接観察しやすい。	親がそばにいるのでクライエントは自己開放しにくい。
1人ずつ別々に面接する場合	親子ともそれぞれの思惑を気にせずに本音を出しやすい。	親子関係を直接観察しにくい。また、親子それぞれが面接者に何を話したのかと疑心暗鬼にかられやすい。

（出所）　名島（2000）による。

面接にはくつろげて安心できる部屋を準備する。他の人の出入りがなく，清潔で静かで，会話が外に漏れない必要がある。椅子とその配置は，クライエントと面接者が正面に向き合う対面法，斜めに向き合う90°法，隣り合う180°法などクライエントに応じた工夫ができるとよい。子どもが来談する場合，プレイルームがあれば最もよいが，そうでない場合，箱庭あるいは年齢に応じた遊具や画用紙，色鉛筆，色紙などの文房具を準備しておく。

面接の前に，クライエントに相談申込用紙に氏名，年齢，学校・職場，家族構成，主訴などを記入してもらうようにしている相談機関も多い。これは，面接者からの質問を省ける部分がある，記載の内容やし方から理解の手がかりが得られる，クライエント自身にも自分の問題やこれまでの経験などに注意を向けさせることになるなどの利点がある。

(2) 面接への導入

面接者は自己紹介し自分の名前と役割を伝える。また，受理面接の目的や時間配分などについて簡単に説明し，クライエントの秘密が守られることも明らかにしておく。

(3) 主訴を聴く

「どのようなことにお困りなのでしょうか」，「相談にみえた理由を聞かせて下さい」など，クライエントが自由に問題を表明できるように問いかける。面接者は，クライエントが自分の話したいことを自分なりの表現で展開できるように促すことを心がけ，自分の問題をどのように意識し，どのような苦しみ・困難を感じているかを共感的に理解する。

(4) 問題および問題の周辺・背景について聴取する

これについては先の「耳でする仕事」で述べた。なお，クライエントから話された内容だけでなく，話されなかった事柄，話し方（言葉遣い，長く続く―短く終わる，具体的―抽象的，理解しやすい―あいまいであったり話題がとんだりして理解しにくいなど），面接者の質問への応答のし方（間髪を入れず―じっくり時間をかけて，率直に―躊躇しながら，的確な内容で―内容がずれてなど）なども理解の手がかりとなる。また，若年のクライエントなどでは本

人以外に親などから話を聞く必要がある場合もある。その際には，クライエントの了解を得，秘密保持に留意して行なう必要があるし，行なうことのクライエントへの影響にも熟慮を要する。得られた情報も鵜呑みにはせず，慎重に評価する必要がある。

(5) ま　と　め

ここでは先の「まとめの仕事」が行なわれる。すなわち，クライエントの問題や人格についての仮説的理解を行ない，それに基づいて最もふさわしい援助の目標と方法を選択する。その際には，精神医学的な病理水準も考慮される場合が多い。また，心理療法が適しているかの判断も必要となる。判断の指標として，ワイナー（Weiner, I. B. 1975）は，クライエントが①心理療法へ動機づけられているか，②自分自身について内省し語ることができるか，③おおむねよく統合されたパーソナリティ機能の水準を保っているかの3点をあげている。さらに，伊藤（1991）は，客観的基準に基づく判断と治療者およびクライエントの主体的判断の両者が必要であるとし，前者として，①クライエントの問題が心理的な要因に関わるものか否か，②心理治療を開始することによってクライエントの心身状態の悪化・急変を招来しないか，③心理療法に優先させるべき他の治療法の有無をあげている。

(6) 終　　結

面接者はクライエントの問題をどのように理解したか，心理療法の適否も含めどのような援助が望ましいと判断したかをわかりやすく簡潔にクライエントに伝える。これを受けてどのような選択を行なうかはクライエントに委ねられる。心理療法を行なう合意がなされた場合には，治療契約の話し合いへ進む。そうでない場合には，他の治療・相談機関への紹介などが行なわれる。なお，クライエントは面接の過程で苦しい経験を思い出し表明する中で，さまざまな感情が沸き起こっている場合が多い。したがって，面接を終えるまでにクライエントの気持ちが落ち着いた状態になっているかに面接者は留意しておく必要がある。

4 受理面接を進める上での留意点

(1) 健康な部分への注目

クライエントの問題点のみに注目するのではなく，もっている能力や資質，問題の改善・解決に向け取り組もうとする姿勢など健康な部分にも注目し把握することが重要である。

(2) 相互作用の場

受理面接においてクライエントが示す表情や態度，話の内容などはクライエント側の条件のみによって決まるのではなく，面接を行なう場の性質や面接者の特質，行動などの影響を受ける。面接者は安心できる環境を準備するとともに，クライエントに対して暖かい関心を伝え，受容的・共感的な姿勢で関わり，ラポールの形成を心がける必要がある。

また，クライエントは面接者から一方的に働きかけられ，判断される存在ではない。クライエントもまた面接者に働きかけ，観察し判断しようとしている。面接者が信頼できるか，力になってもらえそうかという見立てを行なっている。このように，面接場面は互いに働きかけ判断しようとする相互作用の展開する場である。したがって，面接者はクライエントを観察し理解しようとするとともに，面接者自身の中で何が起こっているか，またクライエントと面接者の間で何が起こっているかについても観察，理解を進める必要がある。

(3) その後の過程への影響

上のようにクライエントも見立てを行なっており，その結果がその後の来談意欲に大きく影響する。「自分の気持ちをわかってもらえた」，「信頼できると感じた」，「苦しみから脱け出せる可能性を感じた」といった体験ができるかが重要となる。また，受理面接は心理療法はどのようなものか，話し合いはどのように進むかといったことを，クライエントが体験的に知る機会でもある。これは，その後の心理療法にクライエントがどのような姿勢で臨むかに影響する。たとえば，面接者の質問に受身的に応えるのみの受理面接であったならば，その後もクライエントの自発性や主体性は発揮されにくい。したがって，その後の過程にとってどのような影響や意味があるかにも留意して受理面接を進める必要がある。

Ⅲ 行動観察

1 臨床心理学における行動観察

臨床心理学における行動観察とは，クライエントの行動や人格の特徴あるいはクライエントの行動と関連する諸条件を明らかにするために，実際の行動を観察，記録し分析する方法をいう。とりわけ，面接には欠くことのできない言語的コミュニケーション能力に制約のある子どもや知的障害者などでは，行動そのものを対象とする行動観察は有効である。

2 観察法の種類

(1) 観察事態（自然観察法と実験的観察法）

観察対象に人為的な統制を加えずに，自然な事態の中で行動を観察する方法を自然観察法という。自然観察法は日常的観察（偶然的観察）と組織的観察に分けられる。日常的観察は，何の制限も設けずに，日常生活の偶然の機会に任意の観察を行なうことをいう。組織的観察は，一定の目的に従い，対象とする行動やそれに適した場面，方法を選択し，計画的に観察を行なうことをいう。自然観察法に対し，観察の目的に従って，観察すべき状況や対象に何らかの統制や操作を加えて観察するのが実験的観察法である。日常ではなかなか生じにくい行動を短期間のうちに観察できたり，環境要因の操作により行動に影響する要因を明らかにすることができる。

(2) 観察者の関与

観察者が自身の感覚を用いて直接に観察，記録することを直接的観察，テープレコーダーやVTRなどの機器を用いて観察，記録することを間接的観察という。また，観察者が観察場面に加わりその存在を明示して観察することを参加観察と呼ぶ。参加観察には，観察者が被観察者に積極的に関与しながら観察を行なう場合と，働きかけを行なわず観察に徹する場合とがある。保育や教育の場，心理臨床の場では，前者の形態をとることが多い。

(3) 観察の手法
　① 日誌法
　　毎日の生活の中で気づいた事柄をそのつど記録する方法。親と子，教師と生徒など日常生活で接触の多い関係において行なわれ，育児日誌，看護日誌などが該当する。
　② 場面見本法
　　対象となる行動が出現しやすい場面を選択して，その場面のすべての行動を観察する方法。
　③ 時間見本法
　　適切な時間を選んで時間内に生起する行動を観察する方法，あるいは行動の流れを任意の時間間隔（たとえば1分，5分など）で区切りその各々における特定の行動の有無や頻度を観察する方法。
　④ 行動見本法（事象見本法）
　　観察しようとする行動を決め，その行動が生起するごとに，状況や経過などを記録する方法。

(4) 記録の方法
　① 行動描写法（逸話記録法）
　　観察された行動をその行動が生起している状況も含めて，そのまま具体的に記録する方法。
　② チェックリスト法（行動目録法）
　　観察対象となる行動をあらかじめカテゴリー化し，行動目録を作成しておき，該当する行動が生起するたびにチェックする方法。
　③ 評定尺度法
　　観察すべき行動の生起頻度，強度，特徴の程度などを，あらかじめ一定の基準によって段階づけておき，観察された内容をその段階にあてはめて評定する方法。

3 行動観察を行なう上での留意点

(1) 目的・視点の明確化

目的や視点の明確でない観察は，目立つ行動だけが脈絡なく記録されるなど恣意的で不十分になりやすい。どのような目的で何をどのように観察するかを事前に明確にしておく。

(2) 観察に歪みをもたらす心理的傾向

私たちには観察に歪みをもたらす次のような心理的傾向があり，注意する必要がある。

① ハロー効果（光背効果，後光効果）

ある人が何か目立つ良い（良くない）特徴をもっていると，その人の他のすべての特徴についても肯定的（否定的）に見てしまう傾向。

② 寛大効果（寛容効果）

人を評価するときに，望ましい特性については高く評価され，望ましくない特性については低く控えめに評価され，全体的に寛大な方向に歪んで評価されやすい傾向。ただし，評価者が非好意的な感情をもっている相手を評価する場合などには，これとは反対の不寛大効果が生ずることもある。

③ 中心化傾向

極端な判定を避けようとして，評定が尺度の中心（あるいは集団の平均）付近に集中してしまう傾向。

④ 初頭効果

最初にもった印象が，後の評価にまで影響を及ぼしやすい傾向。

⑤ ステレオタイプ（紋切型）的認知

「若者は好奇心が強い」，「日本人は勤勉である」など，集団のメンバー全般に対して十把一絡げ的に固定的な見方で認知していること。

この他，評価者が自分自身の状態を基準として評価しやすい傾向などもある。

4 臨床場面における行動観察

臨床の場においては，クライエントの行動を観察する機会がある場合，その

すべてが行動観察の場面であるといえ，面接や心理検査の場面も含まれる。それらの場面での観察については第Ⅱ節，第Ⅳ節で触れた。その内容と重なる部分もあるが，臨床場面で子どもを観察する場合の枠組み（平野，2000の内容を表の形にしたもの）を表4-3にあげる。

Ⅳ　心　理　検　査

1　心理検査とは

　心理検査は，被検者に標準化された特定の刺激（質問や課題など）を与え，それに対する行動やその成果を所定の観点から分析することで被検者の心理的側面を測定しようとする方法である。心理検査には，①測定しようとしているものを本当に測定できているか（妥当性），②測定の誤差が小さく測定結果が安定しているか（信頼性），③検査の実施，採点，判定などが検査者によって変わることのないように厳密に定められているか（客観性），④実施や採点が容易であるか，費用は安価であるか（実用性）などの条件が求められる。

　心理検査を行なうことにより，面接では得られない情報（クライエントが話しにくかったり，自覚していない内容など）やより全体的な理解を得ることができる。ただし，こうした利点だけでなく心理検査がマイナスに働く可能性も理解しておく必要がある。名島（2000）は主として性格検査を行なう長所と短所を表4-4のようにまとめている。

2　心理検査の種類と代表的な心理検査

(1)　心理検査の種類

　心理検査の分類は何を基準として分類するかによって異なるが，一般的に次のように分類されることが多い。ただし，親子関係診断検査などこれに含まれない検査もある。

表 4-3　臨床場面で子どもを観察する枠組み

1．身体の外観的特徴と機能	以下の項目について検討し身体医学的所見や神経心理学的検査が必要かどうかも把握する。 ①外観的特徴…体格，顔つき，身体の形態的な異常の有無，身体の傷（打撲・切り傷・擦り傷・火傷など），話し方，声の艶とはり，皮膚の感じ，全体的な健康状態と栄養状態，服装や身体の清潔さなど ②身体・感覚・運動機能…足どり，身体のバランス，大きな筋肉運動の調整力，細やかな筋肉運動の調整力，視覚・聴覚・触覚などの感覚器官の異常の有無，感覚器官の協応（目と手の協応など），感覚刺激への反応の程度（過敏か鈍感か），活動のレベル（多動的か不活発か）
2．言語と知的機能	発音，語彙，語の使用，面接者の言葉の理解の程度，応答や発話の適切さ，描画や遊びの発達水準，行動の計画性や意図性などを検討し，あわせて知能検査などの心理学的アセスメントの必要性も把握する。
3．子どもが醸し出すムードや情緒的雰囲気	①子どもの雰囲気…寂しげ，抑鬱的，昂揚した，興奮した，幸せそう，溌剌とした，不安げ，敵意に満ちたなど。こうした雰囲気が面接の間にどのように変化したか。 ②面接者が時間を共にすることで体験する体感的な反応…疲れる，眠くなる，興奮する，息が詰まるなど。
4．感情表現と認知	感情表現と認知の範囲と分化の程度，感情表現と認知の深さ（演技的，表面的など），感情表現の適切さ（どんな感情がどのように表現されるか，どんな場面に対してどのように反応するか），外界からの刺激と感情表出の強度との関係，感情の調整能力。
5．不安や恐怖の表現形式と内容	①不安や恐れの表現経路…言葉やジェスチャーや遊び中で表現されるか，それとも遊びや面接者とのかかわりの中断や分断で表現されるか。 ②不安や恐れの内容や性質…身体の傷つきの恐れ，分離不安，世界の破滅，迫害不安，自己統制感の喪失の恐れ，処罰の恐れなど。
6．人とのかかわり方	①待合室での様子…他の子どもたちとのかかわりや遠慮・配慮の有無，保護者とのかかわり（しがみついている，離れているなど），家族と子どもの関係についての面接者の印象（なごやか，息が詰まる，緊張するなど）。 ②面接室での様子…面接者とのかかわり（親密，引きこもり・閉じこもり，無視，回避，暖かみを感じる，機械的・無機質的な感じ，積極的か受け身的か，誘惑的，挑発的，けんか腰，なれなれしい，人見知り，よそよそしい，操作的など），初対面の緊張がどのように変化するか，交流の質（言語交流はどの程度できるか，目が合うか，ジェスチャーで交流ができるかなど）。
7．遊びと遊びのテーマ	どんな風に遊ぶか。象徴的な遊びはどのくらいみられ，その内容はどんなものであったか。遊びの表現に広がりやまとまりはあるか。奇妙な表現や思考がみられるか。避けたり制限したり衝動的になったりするテーマはあるか。建設的な遊びはあったか。遊びに没頭することができたか。遊びのテーマは発達的に見て典型的なものか。

（出所）　平野（2000）による。

第4章　こころのアセスメント

表4-4　心理検査（主に性格検査）の長所と短所

	長　所	短　所
検査者にとって	①印象や直観を検査によって確認できる。 ②それまで気づけなかったクライエント理解の盲点を自覚できる。 ③クライエントのなかにひそむ潜在的資質に気づける。	①次から次へと強迫的に検査を施行する検査マニアになりやすい。 ②生き生きしたクライエント理解が検査結果によって歪められる。 ③検査なしではクライエント理解ができなくなる。 ④クライエントの病理的な問題ばかりに目がいく。
被検者にとって	①検査を行なうことが自己吟味の良き機会となる。 ②自分が漠然と意識していた問題点が明確な形で提示される。 ③内的世界を探究する動機づけとなる。	①心のなかに土足で踏み込まれるような圧迫感や侵害感が生じる。 ②検査結果が悪用されはすまいかという不安が生じる。 ③検査者に対して服従もしくは依存的な構えができやすい。

（出所）　名島（2000）による。

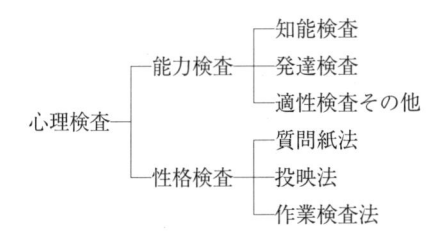

```
心理検査 ─┬─ 能力検査 ─┬─ 知能検査
         │            ├─ 発達検査
         │            └─ 適性検査その他
         └─ 性格検査 ─┬─ 質問紙法
                      ├─ 投映法
                      └─ 作業検査法
```

(2)　知能検査，発達検査

　知能検査は実施の方法から，集団式と個別式に分けることができる。個別式の代表的なものにビネー式知能検査，ウェクスラー式知能検査，K−ABC心理教育アセスメントバッテリーがある。

　①　ビネー式知能検査

　　フランスの心理学者ビネー（Binet, A.）が医師シモン（Simon, T.）と協力して1905年に作成したものが最初の知能検査であるといわれている。ビネー式知能検査では，一般知能を測ると仮定される問題が難易度順に配列されており，どの段階の問題まで正解できるかによって精神年齢が求められる。この精神年齢を生活年齢（歴年齢）で割って100をかけることにより知能指数

(IQ) が算出される。わが国では，田中ビネー知能検査法あるいは鈴木ビネー知能検査法がよく用いられている。

② ウェクスラー式知能検査

アメリカのウェクスラー (Wechsler, D.) は知能をいくつかの能力の集まりと考えた。この検査は言語性知能を測る下位検査と動作性知能を測る下位検査で構成され，全検査知能指数の他に言語性知能指数，動作性知能指数を算出できる。この知能指数は同年齢集団の平均水準からの隔たりの程度で表わす方式を採っている。わが国では成人用の WAIS-R，児童用の WISC-R，WISC-III，幼児用の WPPSI が用いられている。

③ K−ABC 心理教育アセスメントバッテリー

アメリカのカウフマン夫妻 (Kaufman, A. S. & Kaufman, N. L.) によって作成された。2歳6カ月～12歳11カ月の子どもの認知処理過程と習得度（表現語彙，算数，ことばの読みなど）を測定する。認知処理過程尺度は情報を1度に1つずつ時間的な順序で連続的に分析処理する継次処理尺度と，情報を統合して同時に処理する同時処理尺度から構成されている。結果は下位検査および尺度ごとの得点のプロフィールで表される。

発達検査は，乳幼児の精神発達について知能だけでなく，運動，言語，社会性など統合的に把握しようとする検査である。遠城寺式乳幼児分析的発達検査法，津守・稲毛式乳幼児精神発達診断法，新版K式発達検査などが広く用いられている。

(3) 性格検査 —— 質問紙法

質問紙法は，行動，態度，感情などに関する一連の印刷された質問項目に対して，あらかじめ用意された「はい」，「いいえ」，「どちらともいえない」などの回答の中から自分にあてはまるものを被検者に自己評価させる方法である。質問紙法は，実施が比較的容易である，集団での実施が可能である，採点や評価を客観的に行なえるなどの長所をもつ。一方で，回答が意識的，無意識的に歪められやすい，被検者の言語能力や自己評価能力に依存するといった短所もある。質問紙法の代表的なものに YG 性格検査と TEG がある。

① YG（矢田部・ギルフォード）性格検査

アメリカのギルフォード（Guilford, J. P.）らが作成した性格検査を基にして，わが国において矢田部達郎らが標準化したもの。抑うつ性，回帰性，劣等感などの12尺度から構成され，結果は12尺度のプロフィールで示されるとともに，プロフィール全体の傾向から5つの類型に分類される。

② TEG（東大式エゴグラム）

バーン（Berne, E.）によって創始された交流分析の理論に基づき，自我状態の強さを図に表そうとデュセイ（Dusay, J.）が開発したものがエゴグラムである。自我状態には，批判的な親（CP），養育的な親（NP），大人（A），自由な子ども（FC），順応した子ども（AC）の5つがある。エゴグラムを描くために石川中らが作成した質問紙法検査がTEGである。それぞれの自我状態の心的エネルギーの強弱を折線グラフに表すことができる。

(4) 性格検査——投映法

投映法は，曖昧で多義的な刺激を提示し，それに対して比較的自由に反応を求め，反応の仕方から人格の特徴をとらえようとする方法である。その反応には，被検者の欲求，感情，願望，葛藤などが本人の意識していない部分も含めて反映されるという考えに基づいている。質問紙法に比べ反応が故意に歪められにくい，本人が意識していない部分を含め人格を全体的・力動的に把握できるなどの長所をもつ。一方で，結果の分析や解釈に主観が入りやすい，実施や解釈が容易ではなく専門的な訓練と経験を必要とするといった短所もある。投映法の代表的なものにロールシャッハ・テスト，TAT，描画法がある。

① ロールシャッハ・テスト

スイスの精神科医ロールシャッハ（Rorschach, H.）によって作成された。被検者にはほぼ左右対象のインクのしみが印刷された10枚の図版が順番に提示され，何が見えるかが問われる。この反応1つ1つごとに，どの場所に反応したか，どのような性質に反応したか，反応の内容，反応とブロットの適合度，反応の独創性・平凡性などが記号化される。これを基にした数量分析などから人格の特徴を推論する。

② TAT（主題統覚検査）

　アメリカのマーレイ（Murray, H. A.）とモーガン（Morgan, C. D.）によって作成された。被検者にはさまざまに空想できるように描かれた絵20枚が順番に提示され，それがどのような場面で，過去，現在，未来はどうであるかについて物語を作ることが求められる。作られた物語から，被検者の欲求や葛藤，行動様式などを把握しようとする。児童向けにはベラック（Bellak, L.）の作成したCATが用いられる。

③ 描　画　法

　被検者に紙上に絵を描いてもらいその作品から人格の特徴を把握しようとする方法である。「実のなる木」を描かせるバウム・テスト，「家，木，人」を描かせるHTP，「川，山，田，道，家，木，人，花，動物，石」の順に風景を描かせる風景構成法などがある。

　この他，SCT（文章完成検査），PFスタディ（絵画欲求不満テスト）などがある。

(5)　性格検査 ── 作業検査法

　作業検査法は，言語以外の動作反応を求める作業課題を与えて，その作業態度，作業経過，作業結果などから人格の特徴をとらえようとする方法である。実施が容易で客観的な反応を分析できる，質問紙法に比べ反応が故意に歪められにくいなどの長所をもつ。一方で，人格の比較的狭い面しかとらえられない，作業に取り組む意欲によって結果が左右されるなどの短所もある。作業検査法の代表的なものに内田クレペリン精神検査がある。

　○　内田クレペリン精神検査

　　ドイツの精神医学者クレペリン（Kraepelin, E.）の研究を発展させて，内田勇三郎が作成したもの。被検者は，ランダムに印刷された3から9までの数字をとなりどうし加算しその答えの1桁目を数字の間に書くことが求められる。この作業を1分ごとに行を変えて15分行ない，5分休憩後，再び15分行なう。結果は作業量の時間的変化を示す作業曲線，作業量，誤答数などから分析され，人格の特徴を推論する。

3 心理検査を実施する上での留意点

(1) 目的の明確化と適切な検査の選択

　心理検査はあくまでも被検者の利益・幸福のために行なわれるものである。この認識の上に，実施に際しては，行なう目的を明確にし目的に最も適した検査を選択する必要がある。

(2) 検査への習熟

　検査者は実施しようとする検査の実施方法，分析方法，結果の解釈の仕方，背景とする理論などを十分に理解し，施行に習熟していなければならない。

(3) 事前の情報と実施の時期

　検査の前に被検者の性別，年齢，主訴・問題，検査までの経過などについてできるだけ情報を得ておく。また，被検者の心身の状態に注意する必要があり，不安定な状態の時には実施を避ける。心理療法が開始されてから検査を行なうのは一般的には避けた方がよく，実施しようとする場合には，その影響について慎重に検討する必要がある。

(4) テスト・バッテリー

　被検者をより多面的・総合的に理解するために，数種類の検査を組み合わせて実施する場合があるが，この組み合わせをテスト・バッテリーという。テスト・バッテリーを組む際には，いたずらに多くを行なうのではなく，必要最小限の検査を選択し効率的に行なう必要がある。1回の検査の所要時間は被検者の疲労に配慮し90分〜2時間以内とすべきである。

(5) 環境の整備

　静かで集中できる部屋を用意し，机と椅子の配置，明るさなどにも気をつける。検査用具が揃っているかを確認しておく。また，検査のための時間は余裕をもってとる。

(6) インフォームド・コンセント

　検査者はどのような目的・必要性でどのような検査を行なうのか，検査結果はどのように役立つのかを被検者（幼児などの場合その保護者）にわかりやすく説明し，同意を得なければならない。同意が得られない場合には，実施を中

止する。

(7) 不安や緊張を和らげる

　被検者の不安や緊張は検査結果に影響する。したがって，不安，緊張を軽減させ，検査への意欲を高める必要がある。そのためには，被検者とラポールを形成することが重要となる。

(8) 正確な実施と行動観察

　検査は手引書に従って正しく実施されなければならない。また，実施中は，検査に対する直接の回答・反応に注目するだけでなく，その他の行動も注意深く観察する必要がある。

(9) 検査者の影響

　心理検査の結果は，被検者と検査者との相互作用の中で生み出されるものである。そのために，ことに投映法の結果に，検査者の性別，年齢，性格などの特性が影響を与えている場合があることが指摘されている。検査者はそのような可能性があることを認識し，被検者にとって自分自身の特性がどのような刺激となっているかを検討する必要がある。

(10) 結果を断定的にとらえない

　物理的な測定とは異なり，心理的側面の測定の結果は絶対的なものではなく，1つの心理検査の結果から断定的な結論を導き出すことはできない。その結果は面接，行動観察，他の心理検査などからの情報と関連づけて吟味され，考察されなければならない。

(11) 被検者へのフィードバック

　被検者は自分が受けた心理検査の結果を知る権利があり，検査者はできる限り結果を被検者（幼児などの場合その保護者）に知らせなければならない。その際には，検査の結果は絶対的なものではないことを説明した上で，できるだけわかりやすく正確に伝える。ただし，被検者が傷つく可能性やどこまで受け入れられるかにも留意する必要がある。被検者にとって検査者とともに自己理解を深めていく機会となることが望ましい。

⑿　守秘義務

検査結果は被検者の了解なくみだりに第三者にもらしてはならない。

引用文献
（1）　伊藤良子　初回面接　三好暁光他（編）臨床心理学2　アセスメント　創元社　1991　Pp. 99-122。
（2）　岡堂哲雄　臨床心理査定　岡堂哲雄（編）現代のエスプリ別冊・臨床心理学シリーズⅡ・心理査定プラクティス　至文堂　1998　Pp. 9-20。
（3）　Korchin, S. J. 1976（村瀬孝雄監訳）現代臨床心理学　弘文堂　1980。
（4）　菅野純　心理臨床におけるノンバーバル・コミュニケーション　春木豊（編）心理臨床のノンバーバル・コミュニケーション　川島書店　1987　Pp. 45-94。
（5）　名島潤慈　心理アセスメント　鑪幹八郎他（編）新版・心理臨床家の手引　誠信書房　2000　Pp. 31-67。
（6）　平野直己　子どもの臨床面接　詫摩武俊他（編）シリーズ人間と性格6　性格の測定と評価　ブレーン出版　2000　Pp. 23-36。
（7）　Weiner, I. B. 1975（秋谷たつ子他訳）心理療法の諸原則（上）　星和書店　1984。

（山田　俊介）

コラム

遊びをせんとや生まれけむ

　昔から遊び継がれている伝承遊びの一つに「かごめかごめ」がある。
　輪になって手をつなぎ「囲め囲め」と声をかけ合っているのか，カゴの中の鳥に「かがめ」と促しているのか，あるいはカゴの目のことなのか，多義的なイメージが交錯する。
　民俗学では，この遊びは一種の神事，あるいはまじないごとの名残とみている。一人の子どもを取り囲み，唱えごとを繰り返しているうちに，輪の中の子が憑依状態に陥る。地方によっては「地蔵が憑く」と呼ばれ，その地蔵様に問いかけをして，伺いをたてたり，病や紛失物について占ってもらったという。
　子どもの遊びの中には，過去の人々の暮らしを解明する手がかりがある。
　この遊びの重要な要素は，まるくなって回り続けることだろう。石けり遊びにも渦巻き遊びがある。盆踊りをはじめ多くの踊りは円環を成す。円陣を作り，仕切りを設け，繰り返し遊ぶ「かごめかごめ」には，人間の動きの原型となるものがあるのかもしれない。
　鬼ごっこもまた，神社仏閣の「鬼追い行事」に由来するといわれている。しかし，鬼ごっこは，アジアはもとより，広くヨーロッパ，アフリカにも分布しており，これらは，鳶や狼が雛鳥や子羊を狙い，雌鳥や母羊がこれを守るという形式で一致しているという。
　追うものと追われるものは，どこにあっても存在するようだ。
　鬼ごっこだけでなく，子どもの遊びには，異界とこの世の境に存在するという鬼が度々登場する。鬼ごっこやかくれんぼは，神隠し現象を連想させるが，日常を越えて非日常的な世界に侵入できるのも，神に近いとされる子どもならではのことだろう。「桃太郎」から「アリス」「千と千尋」に至るまで，子どもが「行って帰ってくる」話はあとをたたない。
　また，鬼につかまりたくない，鬼に見つかりたくない，けれど自分も鬼になる。そんな体験の中，子どもたちは自らの心に虚構の世界を生み出し，想像力を得ていくのではないだろうか。
　今，ここで見えているものだけでなく，振りや動作や役割によって違う世界に遊ぶこと。それは，つもり遊びやごっこ遊びに通じ，子どもたちの想像力を培い，行為を意味づけ，認識する力を育てていく。
　子どもは遊びを通して，身体を介して，世界の秘密を知ろうとしている。

（天野　珠路）

第5章

心理療法の理論

　近所で遊んでいる子どもたちがけんかを始めると，われわれ大人はなんとか仲直りさせようという思いに駆られる。でも少しの間，その気持ちを抑えて待ってみよう。結構，自分たちで収まりをつけていることが多いものである。そういう時，子どもたちに自己成長力があるのだなと気づかされる。もしかしたら，大人がそのように手を出さないで見守るということが，子どもを本当に信頼しているということになるのかもしれない。

教育実践者の中には，「職人技」とでもいえるようなやり方で，子どもが自ら判断し，自ら行動できるようにかかわることができる人がいる。そうした人の経験談を聞いてみると，確固とした理論的背景に基づいて，地道な実践を積み重ねていることがわかる。

　本章では心理療法の理論の中でも，特に保育と教育の実践に生かすことのできる理論である来談者中心療法について述べ，その理論を生かした遊戯療法，絵画療法について述べることとする。

キーワード
・信頼関係　・遊び

I 来談者中心療法

ロジャーズ（Rogers, C. R.）が創始した来談者中心療法の理論的背景について，諸富（1999）は「自分のありのままがほんとうに大切にされ，認められ，受け入れられる関係が築かれるならば，そのとき，内なる〈いのち〉の働き（実現傾向）が自ずと活性化し発揮され，新たな気づきを生じて建設的な人格変化がもたらされる」(P. 60) と説明している。この「関係」を重視する考えは，子どもと教師，子どもと親の関係にもあてはめて考えることができるであろう。

来談者中心療法の基本的態度には，以下の3つがある。なお，以下に出てくる「クライエント」とは来談者のことをいう。

(1) 無条件の肯定的関心

これはクライエントの抱いている感情に対して評価的にならず，それらを全てその人のものとしてあるがままに尊重しようとする態度である。クライエントは，こうしたカウンセラーの態度に支えられながら自己理解を深め，自己の問題の解決に取り組むようになる。

(2) 共感的理解

これはクライエントの抱いている感情をできるだけ正確に理解し，それをカウンセラー自身があたかも自分自身のものであるかのように感じようとする態度である。こうした相手の感情に巻き込まれない感じ方が「共感」であり，これは相手の感情に巻き込まれてしまう「同情」とは異なるものである。

(3) 自己一致

これはクライエントの話を聞いた際に，カウンセラーが自分自身の心の中で起こった感情に忠実であろうとする態度である。クライエントに対して否定的な感情が起こった場合，それを否定したり，歪曲したりしないで，どうしてそのような感情が起こったのかについて吟味する必要がある。

こうした3つの態度に基づいて，次のような技法上のポイントを押さえなが

らカウンセリングを行なう必要がある。

① 受　　容

　クライエントの発言にしっかりと耳を傾け,「うん, うん」「なるほど」などと応答しながら気持ちを受け止める。相手に対するこうした傾聴的態度によって, 彼らの心の中に積極的に相談しようという感覚が芽生える。

② 反射・明確化

　カウンセラーがクライエントの話を聞いて理解したことについて,「あなたは～と思うのですね」と要約して伝え（反射）, 感情や考えを明確化する。こうした反射・明確化を続けているうちに, クライエントは「この先生は自分のことをわかってくれる人だ」という陽性感情を高めていく。

③ 質問による非指示的リード

　クライエントの話の中で, 自己の感情や考えを抽象的な表現で語るため, カウンセラーはそれらを理解しにくいことがある。そういう場合,「～をもう少し詳しく教えてくれませんか？」などと質問する。クライエントがこれに応えることによって, カウンセラーと感情や考えを共有できるだけでなく, クライエント自身も自分自身のそれらを明確化でき, 一層自己理解を深めることができる。

　こうした3つの技法上のポイントを押さえながら関わることで, クライエントとの間に「ラポール」と呼ばれる信頼関係を形成し, 必要に応じて励ましや助言・指導を行なうのである。

II　遊 戯 療 法

　大人は日常生活での欲求不満を話す（愚痴をいう）ことによって解消するが, 子どもは遊ぶことで解消する。自分の気持ちを言葉で表現することが未熟な子どもであればあるほど, この傾向は強いといえるだろう。そのためカウンセラーは, 子どもの抱えている問題を遊ぶことを通して癒していく。これが遊戯療法と呼ばれるものである。

1 基本的な接し方

遊戯療法を用いた基本的な接し方のポイントとして，来談者中心療法の立場から遊戯療法を行なっていたアクスライン（Axline, V. M. 1947）の8原則を以下に示す。

(1) 信頼関係をつくる（原則1）

まず，子ども自身に「自分は大事に扱われているのだ」という感覚をもってもらい，信頼してもらうことが大切である。

(2) 気持ちを受け止める（原則2）

日常場面でよくないとされている行動を遊びの場面で禁止するのではなく，そのように行動したくなった気持ちを受け止める。

(3) おおらかな雰囲気をつくる（原則3）

遊びの場面では，子どもの行動をほめたり，叱ったりしないことが大切である。そうすることで，子どもは教師の評価を気にせず，自由に自分の気持ちを表現していけるようになるからである。

(4) 気持ちを読み取り，伝える（原則4）

問題を抱えている子どもの日常生活では，自分の気持ちに寄り添ってもらい，気持ちを読み取ってもらうという体験に乏しい。そこで，カウンセラーが遊びの中で，実況中継のアナウンサーのように「おっと，○○ちゃん，びっくりしたんだねえ」などといって，読み取った気持ちを伝えることが有効である。

(5) 子どもの能力に敬意を払う（原則5）

子どもは自分で自分の問題を解決する能力をもっているものである。カウンセラーはその能力に敬意を払い，行動の責任は自分自身にあることを子どもが理解するように援助することが大切である。

(6) 子どもに主導権を取らせる（原則6）

子どもの中には，日常生活で周囲の人から「ああしろ，こうしろ」と指示されることに慣れてしまい，受け身的にしか遊べない子がいる。そのような子どもでも，カウンセラーが子どもの自己成長力を信じ，指示しないで関わっているうちに，子どもは徐々に自分の意思に基づいて遊べるようになっていくので

ある。

(7) 子どもの変化をあせらずに待つ（原則7）

　自分の気持ちを意のままに表現できない子どもを担当した場合，カウンセラーはなんとか早く表現できるようにしてやろうと思うものである。子どもの自己成長力は大人に比べて大きいものであるが，やはり変化にはいくらかの時間を必要とする。子どもの問題が大きければ大きいほど，長い時間を要するのが普通である。

(8) 必要に応じて制限する（原則8）

　子どもの中には友だちの持ち物を壊したり，時には暴力をふるったりする子がいる。こうした行動をとりたくなる意味を理解することは大切であるが，その気持ちをすべて受け入れるわけにはいかない。してはいけないことをきちんと教えることも大切である。そうすることで，子どもはしてもよいこと，してはいけないことを少しずつ学んでいくものである。また，このような制限を設けることは，子どもに相手を傷つけたという罪悪感を感じさせることを防ぐため，結局は子ども本人を守ることにつながるのである。

2　遊戯療法を通してみられる子どもの変容

　遊戯療法を開始してから終了するまでの過程にみられる子どもの変容について，以下に例をあげながら紹介する。これは教育相談担当の教師が，粗暴な小学校3年生の女子Aちゃんに行なった遊戯療法過程である。この遊戯療法は原則として，週に2回，1回45分間，放課後に行なわれ，3カ月間の21回で終了した。

(1) 第1段階：猜疑心と反発

　1回から3回の間では，Aちゃんは教師に対して強い警戒心や反発心を示し，ぬいぐるみを壁に向かって投げるなど，時間中ずっと不機嫌であった。そこで教師は，ぬいぐるみを投げたことを叱らず（上記の原則3），「今日はちょっと怒っているのかな？」と，反発の裏にある気持ちをできるだけ受け容れることに努めた（原則2）。

(2) 第2段階：関係の成立

　4回目からは警戒心や反発心も弱まり，リラックスして遊べるようになった。これは信頼関係が成立し（原則1），教師と遊ぶことに魅力を感じるようになったためである。

(3) 第3段階：隠された感情の表出

　Aちゃんは，9回目から級友への不満を語るようになった。また，教師の体に触れてくることも見られるようになり，11回目ではふざけて教師の顔をたたいてくることがあった。そこで教師は，「痛いからたたくのはやめてね」とやってほしくないことを伝え，「これならたたいてもいいよ」とパンチングドールをたたくように伝えた（原則8）。この段階では，教師との信頼関係を支えとして，子どもの内部に抑えられていた怒り，不満，憎しみなどの感情が，依存感情と表裏一体となって遊戯療法場面で表出されるものである。普段隠されている感情をストレートにぶつけられるのは，教師にとって大変困惑させられるものである。遊戯療法の流れと子どもの行為の意味が十分把握されていないと，つい常識的な対応をするものである。この段階がいわば正念場であり，ここを乗りきると子どもに潜在していた力が急激に芽をふき，健康さとたくましさが表れてくるのである。

(4) 第4段階：遊びの深化，自己制御

　16回目からは，卓球をする，大きな積木で家を作るなど，今までしたことのない遊びを始めた。卓球では，最初は球にも当たらないため不満そうであったが，頑張って練習し，教師とラリーが続くまでになって真剣勝負を挑むようになった。その中でも時間を自分で見計らいながら遊び，制限を自分から守ろうとし，時に気に食わない表情や物言いをすることがあっても，そうした気持ちを抑えながら遊べるようになった。このように，この段階にくると，遊びへの没頭と自由な自己表現が進んでいく。そして，感情の自己制御も促され，他人と遊びを共有できるようになるのである。

(5) 第5段階：遊戯療法場面外での変化

　19回からは遊びは第4段階とほぼ同様であったが，学校では友だちに乱暴な

ことをしなくなり，いつも独りだったAちゃんが放課後友だちに誘われて遊ぶ姿も見られるようになった。この段階で，遊戯療法による個別的な指導は終結することとなった。このように遊戯療法が進むにつれて，子どもは友だちや他の教師などとの遊戯療法場面外での対人関係も改善されていくのである。

3 遊戯療法を生かした教育活動

遊戯療法の観点は，保育園，幼稚園，小中学校での教育活動においても取り入れることが可能である。以下にそのいくつかを述べる。

(1) 粘土遊び

粘土は簡単に自分の思い通りに形を変えることができる。そのため，子どもの有能感を高め，物事に積極的に取り組もうとする意欲を高めるのに大変有効である。また，粘土を粘土板にたたきつける，ちぎるなど，攻撃性を表現しやすく，仮に友だちに向かって投げつけるようなことがあっても，怪我をさせることがほとんどないという利点もある。動き回ることも少ないため，教師が子どもをじっくり観察することができる。用具は，粘土，粘土板，ヘラ，粘土に水を加えたり，手を洗ったりするための水の入ったバケツ，雑巾などが必要である。また，着ている服が汚れないようにするために，エプロンを着用するとよいだろう。粘土にもいろいろと種類があるが，一番望ましいのは水でこねる粘土である。水を同時に用いることで，手ざわりの快さが増すからである。また，日常生活で禁じられている汚すという行為が可能になるため，蓄積された心的葛藤をより解消しやすくなる。

(2) 指絵遊び（フィンガー・ペインティング）

指絵遊びは，指に絵の具をつけ，紙全体に自由に色を塗るというものである。用具は，紙（愉快に，スムーズに指や手のひらを動かせる紙質のもの），絵の具，パレット，ぬれた手を拭くふきん，手を洗ったり，絵の具をのばしたりするための水の入ったバケツなどが必要である。絵の具を指につけて紙を思い切り汚すことは，子どもの心的葛藤や緊張の解消に役立つ。汚すことをためらったり，こわごわと塗ったりしている子どもには，強制的にやらせないで，教師

が描いて見せて，自発的に描き出すのを待つとよいだろう。また，子どもは描きながら独り言のように話をすることがある。この話は大変興味深いものであることが多いので，しっかりと耳を傾けることが大切である。

(3) 積木遊び

積木遊びは，積木以外のものを用意する必要はない。また，難しい技術を要しないため，実施が容易である。また，積木遊びも心的葛藤や緊張の解消のために役立つ。子どもたちが高く積み上げた積木に積木を打ちつけたり，足で蹴飛ばしたりするのをよく見かけるが，積木は壊れることがないので，そのような行為に罪悪感を感じることなくできる。落ち着きのなかった子どもの遊びの中には，こうした攻撃的・破壊的活動から，次第に城を作るなどの構成的な，落ち着きのある遊びへ変化していくことがしばしば認められる。また，積木遊びは，集団遊びで用いることも容易である。引っ込み思案な子どもは，一人で遊んでいるように見えても，他の子の遊びが気になり，仲間に入れてもらいたいと思っている子もいる。しかし，ルールを知らなかったり，競争し合う遊びでは抵抗を示すことがある。その点で，積木遊びは皆と一緒に遊ぶことが容易である。教師がタイミングを見計らって，「さあ，～ちゃん，この積木をみんなのところへ運びましょうね」と誘えば，集団へ入って行けるようになることがある。

(4) 水遊び

水遊びを教室でしようとする場合，床や壁に防水加工が施されているなら可能である。しかし，そうでないなら，ビニールシートを敷くなど準備が大変である。そこで，夏の水泳の時間に行なうのがよいだろう。プールでは特に道具がなくても，水面をたたいて遊んだり，水をかけあったりなど，さまざまな遊びを展開することができるからである。その他，水鉄砲があれば撃ち合いができ，浮輪があれば浮輪に身を任せてふわふわと気持ち良さそうに浮かんでいることもできる。このように，子どもにとって水が魅力的に感じられるのは，思い通りに形を変化させることができ，無害な形で攻撃性を表出しやすく，手触りなども快い感覚を与えるという特性をもっているためである。

(5) 人形遊び

　人形遊びの中では，ままごと遊びなどのごっこ遊びが展開される。ごっこ遊びの中には，両親や同胞などが登場し，子どもがその人たちに日頃感じている思いを表現することが多々ある。たとえば，普段母親に厳しく叱られることが多い子どもは，人形遊びの中では自分が普段の母親役になり，人形を自分に見立てて厳しく叱るといった遊びを展開することがある。それゆえ，教師はこうした遊びを観察することによって，子どもの両親や同胞との関係などを理解することができる。人形は手足や首が固定されたものよりも，自由に取り外しができる，プラスチック性のものがよいだろう。なぜなら，取り外しができる人形では，人形の手足や首を回す，ちぎるなどのさまざまな表現を可能にしやすくなるからである。できれば種類も多くそろっている方がよいだろう。この遊びの利点は，たとえば，弟役の人形を攻撃したとしても，攻撃したのは自分自身ではなく，自分が操っていた人形であるために罪悪感を感じにくいという点にある。家庭では，攻撃すると親に叱られるために心的葛藤を感じているものである。人形遊びはそうした心的葛藤を解消することが可能となるのである。

　上述のように，遊ぶことで日常生活における心的葛藤が解消される。遊びの中では，日常生活で親に叱られて，叶えられなかった欲求を満たすことができる。そうすることで，再び日常生活で活動していくための精神的エネルギーが復元し，物事に取り組んでいく。そして，物事に取り組む際には，遊びで得られた自分で考え，自分で実行するという自発性が発揮されるようになる。子どもがこうした遊びをより効果的に行なえるようにするために，教師は遊戯療法の基本的なポイントを押さえながら関わる必要がある。

Ⅲ　絵画療法

　絵画療法も遊戯療法と同様，子どもを理解するために大変有益な情報を与えてくれるため，今までにもさまざまに研究がなされてきた。以下にその主なものを述べる。

1　HTPP法

　HTPP法は，家屋（House），樹木（Tree），人物（Person），先の人物とは反対の性の人物（Person）を描く方法である。これらを描くことで，知らず知らずのうちに性格のさまざまな側面が表現される。家屋・樹木・人物の3つを描くのは，①これらの課題が誰にとっても親しみのあるもので，②あらゆる年齢の被検者が描く対象として喜んで受け入れ，③ほかの課題よりも率直で自由な言語表現をさせる刺激として役立つ，からである。用具は，A4判の白ケント紙4枚，HBの鉛筆を2～3本，消しゴム1個を使用する。なお，A4判の白ケント紙は最初から渡さず，1枚目が描き終わってから2枚目を渡すようにする。その際，紙の右上に小さく①から④までの番号を書いておくと，人物画で男女のどちらの人物を先に描いたかを知るのに便利である。

　教師は子ども一人ひとりに用具が揃っているのを確認した後，「今からみなさんに絵を描いてもらいます。ちょっとしたお遊びで，成績には関係ないですから，絵の上手下手を気にしないで，気楽な気持ちで描いてくださいね。でも，いい加減に描かないで，できるだけ丁寧に描いてくださいね。では，4枚の紙に，ひとつずつ，全部で4つの絵を描いてもらいます。これから1枚目を10分ぐらいで描いてください。自分の描きたいように描いたらいいですよ」と告げる。

　そして，1枚目の用紙を横にして与え，「では，この紙に家を描いてください」と告げる。子どもたちは描いている間に，「自分の家を描くの？」，「1件だけ？」，「家の中も描くの？」などの質問をすることが多々ある。教師はこうした質問に対して，「好きなように描いたらいいですよ」とだけ答え，質問は書き留めておく。家を描き終えたら，次に2枚目の用紙を縦にして与え，「今度は木を1本描いてください」と告げる。木を描き終えたら，次に3枚目の用紙を縦にして与え，「今度は人を一人描いてください。顔だけでなく，全身を描いてください」と告げる。ここでは，「どんな人を描くの？」，「自分でもいい？」，「横向きでもいい？」などの質問があるが，やはり「好きなように描いたらいいですよ」とだけ答え，質問を書き留めておく。人物画が終わると，男

性か女性かを紙の右上に③と書いた部分の下に記入するように告げる。

次に4枚目の用紙を縦にして与え、「では、今度は男の人（女の人）を一人描いてください。顔だけではなく、全身を描いてください」と告げる。こうして4枚を描き終わったら、紙の裏に実施日と名前を書いてもらい、「描いた絵について、何かお話を作って、書いてみてください。どんな家かとか、どんな木かとか、誰と誰だとか、について、できるだけ詳しく説明してください」といって、話を自由に書いてもらう。話を作ってもらうのは、子どもたちが絵に表現している独特の意味や性格特性などを知ることができるからである。

HTPP法は、4枚を1セットで実施するものであるが、時間が限られていたり、特に知りたい性格特性の側面がある場合には、特定の課題のみを用いることも可能である。たとえば、子どもが自分の家庭をどのように認知しているかを知りたい場合には家（H）のみとし、無意識に感じている自己像を知りたい場合には木（T）のみとし、意識できる自己像を知りたい場合には人（P）のみとするとよいだろう。

2　動的家族画法

動的家族画法は、家族員の相互の関わりを描く方法である。これを描くことで、自己の家族内の位置や役割などが表現される。用具は、A4判の白ケント紙1枚、HBの鉛筆を2～3本、消しゴム1個を使用する。教師は子ども一人ひとりに用具が揃っているのを確認した後、「今からみなさんに絵を描いてもらいます。ちょっとしたお遊びで、成績には関係ないですから、絵の上手下手を気にしないで、気楽な気持ちで描いてくださいね。でも、いい加減に描かないで、できるだけ丁寧に描いてくださいね。では、みなさんの家族の人たちが何かをしているところの絵を描いてください。自分のことも描いてください」と告げる。子どもたちは描いている間に、「全員じゃないとダメ？」、「お父さんと僕だけでもいい？」、「妹は描けなくなったから、描かなくてもいい？」などの質問をすることが多々ある。教師はこうした質問に対して、「好きなように描いたらいいですよ」とだけ答え、質問は書き留めておく。描き終わったら、

紙の裏に実施日と名前を書いてもらい,「描いた絵について,説明を書いてみてください。できるだけ詳しく書いてくださいね」といって,家族の相互の関わりについての説明を自由に書いてもらう。参観日の時などは,合同動的家族画法を用いるとよいだろう。この方法は,親子で動的家族画法をするものである。その際,用具として色鉛筆を用意し,親子の描いた絵を区別できるように異なった色を使用するように告げる。教師は仕上がった絵からだけでなく,親子が一緒に描く様子を観察することで,親子関係についての直接的な情報を得ることができる。

　HTPP法においても,動的家族画法においても,絵を描いてもらった後で時間があれば,描いた絵と話を子ども一人ひとりにみんなの前で発表してもらい,みんなで作品を味わい,教室の壁に展示するとよいだろう。また,親との個人懇談の際に,一緒に絵を見ながら子どもの性格特性について話し合うのもよいだろう。このようにすることで,教師だけでなく,子どももその親も,子どもの性格特性や親子関係についての理解を深めることができる。

引用文献
（1）　Axline, V. M. *Play Therapy*. Boston : Houghton Mifflline Co. 1947　小林治夫（訳）　遊戯療法　岩崎学術出版社　1974。
（2）　石隈利紀　学校心理学　誠信書房　1999。
（3）　諸富祥彦　ロジャース　弘中正美・濱口佳和・宮下一博（編著）子どもの心理臨床　北樹出版　1999　Pp. 52-65。

参考文献
（1）　家族画研究会編　特集　描画テストの読み方　臨床描画研究Ⅰ　金剛出版　1986。
（2）　高野清純　プレイセラピー　日本文化科学社　1988。
（3）　高橋雅春・高橋依子　樹木画テスト　文教書院　1986。

（辻河　昌登）

コラム

闘う少女たち

　アニメやウルトラマンなど特撮番組が子どもたちに与える影響はあまりにも大きい。デパートの玩具売場には関連グッズがあふれ，スーパーのお菓子売場では目当ての物をねだる子どもと制止する母親の姿をよく見かける。キャラクターやヒーローたちは菓子のパッケージだけでなく，レトルトカレーやふりかけのパッケージになったり，文房具になったり，服や靴や布地の柄になったりと，全く節操がない。
　保育現場では男児たちが「戦いごっこ」と称して勇ましい声をあげ，すっかりヒーローになりきって決めのポーズをとったりする。ヒートアップしてケンカが起こったり，そばにいた女の子がとばっちりを受け泣いてしまったり，保育者は息つく暇もない。
　一方，女の子向けアニメや少女が主人公の作品もずいぶんと以前からあるにはあった。しかし，皆が皆それらになりきったり，徒党を組んで遊ぶことはほとんどなかったように思う。私が体験した限りでは，「美少女戦士・セーラームーン」くらいだろうか。器用に手作りした魔法グッズを振りかざし「月にかわってお仕置よ」と，女の子たちは瞳に星を瞬かせ言ったものだ。私自身は「ひみつのアッコちゃん」の「テクマクマヤコン」だったと記憶する。
　けれど，総じて戦う女主人公たちは，幼い子どもたちには受け入れがたく存在していたように思われる。
　古くは男装して戦った「リボンの騎士」のサファイア，「ベルバラ」のオスカル，男の活躍を見守る端役から越境し，戦士としての役割を果たす「ガンダム」のマチルダ，ララァ，そして，今や日本中を席巻したかのような宮崎アニメの主人公たち。彼女らはあまりに不可解で複雑だ。ウルトラマンのように単細胞ではなく，ドラえもんのように短絡的ではない。
　特に「ナウシカ」や「もののけ姫」，「千と千尋の神隠し」など，宮崎アニメでは戦う相手も正真正銘の悪玉でなく，勝ちが明確でない矛盾した戦いが繰り広げられる。そして，そこに最も感動するのは大人たち，それも大人の男たちではないだろうか。
　少女に願いを託し，少女を闘わせ，人々の良心を体現させたかのような宮崎作品のおもしろさやアニメとしての出来映えは一見に値する。大人の男たちが力を結集して創り上げた「少女」は充分に魅力的である。
　けれど男たちよ。大人になりきれない男たちよ。闘うのはあなた自身だ。「少女」はあなたたちのために存在しているのではない。少女もまた自分自身のために闘っているのだ。闘ってきたのだ。

（天野　珠路）

第6章

こころの問題 I ──子どもの場合──

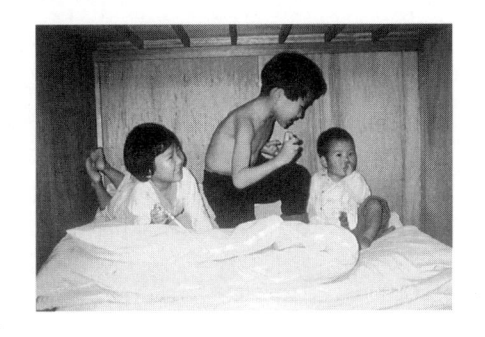

押し入れで遊ぶ子どもの写真。筆者自身，母親から布団の上で遊んじゃ駄目といわれても，遊んでいたかった子ども時代を思い出した。人気絵本「押し入れのぼうけん」の世界にも見られるように恐さ（ドキドキ）と楽しさ（ワクワク）の混じりあった空間はどこかしら魅力的である。

本章では，より具体的な理解ができるように，いくつか事例が登場する。しかし，相互に影響し合う関係性の中で生きている子どもと援助者の姿が伝わるようにと心がけた。できるだけ読後感を言語化して欲しいと思う。

　子どもに関わる基本姿勢として，いくつか援助の方向性を想定しながらも，常に子どもが全身で発するメッセージを受け取り，子どもの言動に隠された意味を感じ取って欲しい。その姿勢は，言語的表現が十分にできない状態の子どもを理解する手だてとなるばかりか，養育に困難を抱えている親への共感的態度ともつながっていく。

　すべての子どもを理解し，万事うまく関われる秘策はない。よりよい関わりを求めようとするプロセスの中に，実践の知恵は生まれてくる。その実践を支えるのは，正しい知識の裏付けである。本章では，入門的な内容にとどまっているが，参考文献等で知識を深めてもらえればと願っている。

キーワード
- 発達障害　・ADHD　・行為障害　・虐待　・緘黙
- 偏食　・小食　・摂食障害　・夜尿　・失尿　・不登校
- チック　・PTSD

Ⅰ 乱暴な子ども

一口に乱暴な子どもといっても，子どもの発達段階や乱暴行為の程度，対象，状況によって理解の仕方が異なってくる。ここでは，かんしゃく，反抗，攻撃的，キレやすい，荒れている子どもと呼ばれる場合を含めている。

1 自我の育ちとして見られる乱暴さ

2歳児がお菓子売り場で母親に，「買って買って」と泣きながらボコボコと拳をふるっている。保育園で，遊んでいたおもちゃを取り上げられた3歳児が，相手の子に対し，わーっと叫びながら，押し倒す，噛みつくなどの反撃をしてしまった。

幼児期前半の発達段階では，こうした場面は決してめずらしくない。言葉による感情表現や欲求伝達が未熟なこともあり，怒りや悔しさ，悲しみ等の情動がストレートに行動化されやすいからだ。かんしゃくは，活動エネルギーの高さ，自我の強さの一端とも理解でき，発達段階では，第一反抗期の入り口でもある。

大人が子どもの要求にすべて応えれば，かんしゃくは起こらないかも知れないが，それでは，欲求不満耐性（我慢強さ）が育ちにくい。逆に，過剰な叱責や体罰を与え続ければ，乱暴な行為が大人の目の前では減少するかもしれない。しかし，子ども本来の生き生きとした感情を抑え込み，大人の目から見たよい子を演じ，率直な自己表現が困難な状態にならないとも限らない。

「お菓子が欲しくてたまらないのね。おうちに帰っておやつを食べようね。」「よく我慢できたね。」「おもちゃが取られて悔しかったね。返して欲しかったね。でも，友だちを噛んではいけないよ。」子どもの気持ちを代弁しながら，適切な感情表現や発散方法が身に付くような，根気強く，暖かい，大人の関わりが求められる（図6-1）。

また，小学校の高学年から思春期に入り，第二反抗期の様相を見せる子ども

図 6-1 目の高さを子どもと等しくしてしっかりと向きあう保育者の姿

もいる。不登校状態の時，状況に合わない登校刺激を受けて，一時的に暴力的なふるまいを見せる子どももいる。自我の確立には，大人との葛藤体験が必要とされるときがしばしばあり，それが乱暴なふるまいとなって映ることも多い。

しかし，乱暴な行動が頻繁に，突発的に起こり，通常の対応では，子どもの行動パターンが容易に変わらない子どもたちもいる。どうしたらいいのだろうか。

2 発達障害と乱暴さ

脳の機能障害から周囲の状況を理解できなかったり，特有の行動パターンが周囲に理解されなかったりして，症状が制御できず，パニックを起こし，「乱暴」と見なされる行動をとる子どもたちもいる。いわゆる発達障害児と呼ばれる子どもである。

自分の計画通りに事が進まないとイライラし，周囲から文句をいわれたりすると，カッとなり，物を壊したり，暴言を吐いたり，飛び出したりする。気分が短期間で変わる，落ち着きや集中力がなく，注意が散漫で大人の指示を聞き逃す，ルール，約束事を守れないなど，不注意，多動，衝動性の状態を併せもっている場合は，注意欠陥多動性障害（略称 ADHD）の可能性がある。

井上（2001）は，図 6-2 のように，周囲の対応によって自尊心を失い悪循

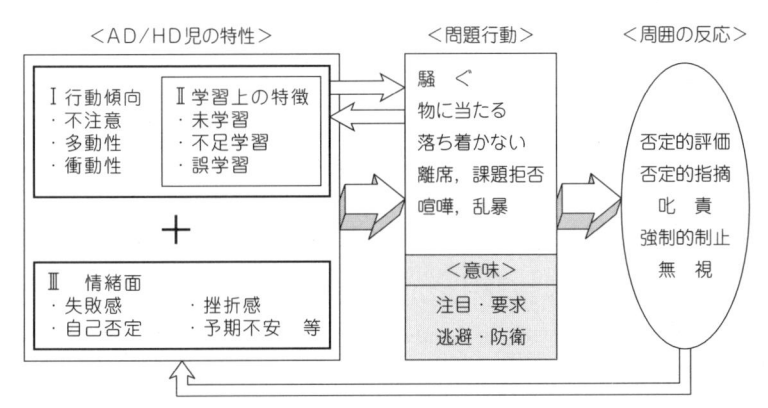

図6-2 AD/HD児の問題行動が強まっていく循環
(出所) 井上 (2001)。

環に陥っているADHD児がこの輪を切ることはできないからこそ，二次障害を防ぐ学級担任の対応が重要と指摘している。

同様に，学習障害児（LD），自閉症児等も乱暴と見なされがちな行動を取る場合があるが，それぞれの症状の特徴を理解し，その特徴に応じた指導方法を工夫することで，子どもの環境適応が容易になり行動も徐々に落ち着いてくる。必要なときは，専門機関で診断を受け，行動療法や薬物療法によって改善可能な状態になってくる。

3 行為障害や被虐待という可能性も

学級崩壊，少年犯罪という深刻な社会状況も見逃せない。従来の生徒指導や援助では対処できない非行傾向の子どもたち。「荒れる子，キレる子」という言い方も耳にする。

手加減のないケンカ，社会的弱者や小動物へのいじめ・残虐行為，ドアやガラス窓を壊すなど物への破壊行動など，行為障害は，反復し持続する，反社会的，攻撃的，反抗的な行動パターンが特徴である。攻撃的で衝動性が高い場合は，脳波異常などの器質的障害を合併していることも多い。

また，非行児，問題児としてあげられてきた子どもの中には，大人からの身

【乱暴な子どもへの援助事例】 保育室が街になった

どうして？―自信をなくす母―
　Mは，保育園年中児男児。両親と4歳上の姉と2歳上の兄と5人で暮らしている。母親が，1歳児のMを公園の砂場に連れて行くと，近くで遊んでいる子どもの頭をショベルで小突く，砂をかける，押し倒すなどの行為が続いたため，それ以降，室内で遊ばせるようになったという。母親が目を離すと，Mは，ふすまや障子を破る，家具に落書きをする，おもちゃを投げて壊すなどしてしまい，家族からよく叱られていた。その瞬間は，シュンと反省した表情をするものの，すぐにケロッとして同じ事を繰り返す。母親は，上二人の子育てが順調だったため余計に自信をなくしていた。保健師に相談したところ，医療機関を勧められ，脳波検査等受けてみたが，特定の疾患は認められないといわれる。

入園したものの
　4歳で保育園に入園。入園日，母親とさっと別れ，他の子どもよりもまっさきに保育室にはいると，Mは，わーっと声を張り上げながら，並べられていた椅子の上を渡り歩き，担任のU先生に注意を受けた。以来，毎日，「友だちを押しちゃ駄目」「道具は大切に使いましょう」「大声でわめかない」等，U先生から叱責を受けてしまう。クラスの友だちからも，「Mさんはこわい」「うるさい。あっちへいって」「Mさんと同じ班は嫌」といわれてしまう。戸外で遊んだり，絵を描いたりするのが大好きで，みんなと一緒に行動するのも喜ぶのだが，助詞が使えず，単語を並べるような話し方をし，要求や気持ちを伝えることが苦手で，頻繁にトラブルの元になってしまっていた。
　U先生も，新しいクラス運営にゆとりがない4月，5月を過ごしており，Mへの注意の仕方も，遠くから，「駄目よ」等，厳しく声をあげることに終始し，しっかりと対応できていなかったことを反省した。そして，主任保育士より，「Mの乱暴は，好奇心の強さ，活動性の高さ，親密さへの希求の現れとして理解してみたら」「Mが，言葉で相手に気持ちを伝えることが上手にできるように手伝ってあげてね」というアドバイスを受けた。確かに，「どうしてそんなことしたの！」と叱っても，Mは，黙ってうつむいているだけで，返事が返ってこなかった。「わたしの叱責は，Mの言葉を飲み込ませてしまっていた」と気がついたという。

第6章 こころの問題 I

はじめてのごめんなさい

7月のある日，園庭にいたU先生のところへ，友だち二人が，「Mさんから砂と水をかけられて，砂山を壊された」と泣いてきた。砂場にやってきたU先生を見つけると，Mは，じっと下を向いて動かない。U先生は，座り込んで，Mの肩に手を置き，眼を合わせ，穏やかな口調で「Mさん，砂場で何がしたかったの？」と聞いた。Mは目を伏せて，しばらく黙っていたが，「ポケモン。嵐の街」とぽつりといった。「そう，昨日のテレビで見たのかな」「うん」「嵐の町を砂場で作りたかったのね」「ん」（U先生の目をしっかりと見て頷く）「一緒に遊んでいたNさんやDさんにもいえばよかったわね。ふたりとも砂や水をまき散らすから，びっくりして泣いちゃったよ」「僕，……，Nさん，Dさん，ごめんなさい。」Mはこの日，はじめて自分から友だちに謝ることができた。

先生とボクとママと

8月，U先生が遅番の時，M君のお迎えが遅くなるという連絡が入った。10分ほど，職員室で仕事をした後，保育室に戻ったU先生は驚いた。Mが，段ボールや大型ブロック，カラーボックスなどを組み合わせ，家やビルに見立て，部屋中にレールをつなぎ電車を走らせ，保育室が街になっていた。「Mさん，これ，一人でしたの」「うん，一人でした。まだまだ，おうち，建つよ」と，Mが，あまりに，にこにこして答えるので，「お帰りの前に保育室でなにしているの」と，叱る気にもなれない。U先生も，つい，「じゃあ，M君の魚の絵をここにおいたら，水族館になるね」と，街づくりに参加してしまった。ふたりでアイデアを出しながら街を作っていると，母親が迎えにきた。母親も驚いたが，「お母さん，M君の街ですよ。後で，お片づけをすることにして，まずは，一緒に街を探検しませんか」と声をかけるU先生に，Mは，「先生と僕の街，ママ，探検，探検」と喜んでいた。

翌日，その模様を主任保育士に報告すると，「先生として必ずしも適切な行動だったかは疑問が残るわね。でも，あなたは結果的にMさんから僕の先生は合格！って思ってもらったのよ。」という主任保育士の言葉に，U先生は，涙が出そうに感じたという。

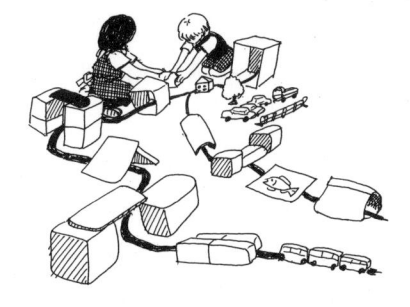

体的，精神的，性的虐待，あるいは養育の放棄（ネグレクト）を受けてきた，いわゆる被虐待の経験をもっている場合が少なくない。

このような状態の子どもには，学校単独でなく，児童相談所，教育センター，精神保健福祉センター，保健所，警察の少年相談センターなどの専門機関とネットワークをもちながら，保護者，本人への多角的な援助を行なうことが望ましい。

II　集団行動が苦手な子ども

おとなしい，消極的，集団になじめない，対人緊張が強い，社会性に乏しい，というような表現で語られる子どもたちがいる。複数の人との関わりにおいて，自己表現するのに困難をもつ子どもたちである。

よく観察すると，対象や場面によって，その態度にも違いが見られる。たとえば，大人に対しては，話しかけてもうつむいて返事をしないが，少数の同年齢の子ども同士では，自己主張ができる例，保育園や学校では，友人には口応えせず従っているが，家庭では，弟妹に対して命令口調で威張っている例など見受けられる。

次第に慣れ親しみ，自分にとって安心できる環境と感じられるようになると，自己発揮できる力があるが，その状況に至るまでに比較的時間を要するタイプの子どもであれば，個人の適応パターンのひとつと考えて，周囲も特別扱いせず，ゆっくりと待つのが望ましい。では，何らかの援助が必要な場合について考えてみよう。

1　広汎性発達障害（自閉性障害）であればどうするか

大橋（2002）は，広汎性発達障害の子どもによく見られることとして，保育場面での集団参加が困難な理由に触れ，説明，指示が理解できない，周囲の動きが把握できない，人の多くいる場所が苦手，騒音等への過敏さ，子ども独自のこだわり（同一性保持）について述べている。そして，具体的対応として，

表6-1　緘黙のタイプ

タイプ	特　徴
社会化希求型	家族とはよく話すが，家庭を一歩出ると沈黙 話さないことが自己主張
意志薄弱型	家族に対しても寡黙 生活全般が受動的で意欲がない
社会化拒否型	家族，父親との接触を避ける 対人交流拒否，引きこもり傾向

設楽（1999）470ページをもとに著者作成。

実物，絵や文字カード，写真を用いて次の活動を指示する，全体の指示の後に繰り返し個別の指示をする，集団と離れたところで子どもの座る場所を決め，子ども固有のマークのついた椅子をおいておく，「この時計の針が6になったら，○○をやろうね」「タイマーがブーと鳴ったらやめようね」と指示をするなどをあげている。

2　極端に話さない（緘黙）子どもへの援助

　話す能力があるにもかかわらず沈黙を続ける状態を緘黙という。この状態が生活場面すべてにわたる場合を全緘黙という。それに対し，生活の一部に表れる場合を場面緘黙（あるいは選択緘黙）といい，幼稚園，保育園，学校という家庭以外の場で話をしなくなる場合が少なくない。緘黙の始まりは，6歳までに見られることが多い。無表情，硬直を示す子もいるが，微笑む，頷くなど周囲との非言語的コミュニケーションが可能な子もおり，緘黙状態が長期間，問題にされないまま経過することも珍しくない。

　なぜ，話せるのに話さないのか，対人接触の意欲や沈黙の意味に基づき，社会化希求型，社会化意志薄弱型，社会化拒否型という，3つのグループに分けて理解することもできる（表6-1）。

　無理に話を引き出そうとしても却って頑固に沈黙を守ろうとしやすい。遊びや運動，表現を通して，人との接触での緊張感を和らげる工夫が必要とされる。この時，子どもの表現可能なエネルギーの量に気をつけると良い。たとえば，

【緘黙の援助事例】 スヌーピー上手だね

家と学校 ── 2つの世界 ──
　小学校3年のA子は，母親と祖母の3人暮らし。幼稚園までは，小さい声ではあったが，名前を呼ばれると返事をする，みんなと一緒の時は歌を歌う，くすぐられると笑い声を立てていた。幼稚園の担任も，A子を，おとなしい子どもだが，指示にも素直に従い，仲の良い友達もふたりおり，特に困ったことはなかったという。
　卒園前，家庭の事情（父親の海外勤務）で母親の実家に転居する。小学校入学後は，教室でいっさい声を出すことがなく，表情もこわばるようになる。教科書の音読や楽器の演奏では，担任が「がんばってやってごらん」と促すと，かえって体が硬直し，じっと下を向いたまま立ちつくしてしまう。授業が進まなくなるため，徐々に，A子の順番は飛ばして良いという暗黙の了解がクラスで成り立ってしまった。家庭では，教室であったことなど，母や祖母に話をしている様子であったが，授業参観に母や祖母が来ても，A子の表情はほぐれることがなかった。

W先生との出会い
　小学校3年生の担任になったW先生（20代男性）は，1，2年生頃のA子の状況を聞いて，A子の笑い顔が自然と生まれるような場面作りをしたいと思ったという。
　4月，A子と初めて接したクラスメイトが「先生，なんでA子さんは，全然しゃべらないの？」と給食の時にみんなに聞こえるように尋ねた。A子は，黙々と給食を食べていた。「なんでなのかなぁ。先生はね，A子さんの心のなかには，おしゃべりの種がいっぱい詰まっていると思うよ。」周囲の子はA子の反応に注目するが，A子は，他人事のようにもぐもぐと食べ続けていた。
　クラスの係り決めの時，A子は，先生の提案で，学習係となった。放課後残って，明日の授業の準備の手伝いをする仕

折り紙も通常の4分の1の小さなもの，絵を描くときも小さな紙切れや小さく枠線の書かれた用紙なども準備してみると，取り組みやすい場合がある。徐々に紙のサイズを大きくしたり，運動遊びへと移行したりも可能であるが，最初

事があり，毎週木曜日は，W先生とA子が1対1で過ごす時間が20分程度とれた。それがW先生のねらいであった。

当初A子は，W先生の顔を見ることなく，声かけに対して，かすかに首を縦や横に振ることで，意思表示をしていた。6月のある日，W先生は，授業の準備が早く終わると，「A子さん，B君の誕生日カードを作りたいから，絵を描いたり色紙で飾ったりして手伝ってくれる？」と頼むと，こっくりと頷き，スヌーピーを描いた。W先生は，みんなの前でA子さんの手伝いを話さず，B君に，「A子さんにそっとお礼を言ってね」と伝えた。B君は，3日後の掃除の時，「A子さんのスヌーピー上手だね。ありがとう」と声をかけた。A子は，一瞬驚いていたが，照れたような表情をして頷いた。後でわかったが，A子は，この出来事を母にも祖母にもニコニコして伝えたという。こうして，誕生日カード作成は，夏休みまでに5人分ができ，友だちからそのたびお礼をいわれた。

安心して表現できる体験

毎週木曜日，A子は，自宅で落書き帳に描いたスヌーピーやミッキーマウス，プーさんなどのキャラクターの絵をW先生に見せるようになった。落書き帳の片隅を指さし，先生へ感想を書くように促すようになり，「誰が一番好き？」「スヌーピーが好き。プーさんも好き」「のんびり，ほんわかしているのが良いよね」など，紙上ではやりとりができるようになってきた。「A子さんは，本当に絵がうまくなってきたね」とほめると，目を見てA子が微笑むことも自然な関係になってきた。

このように，W先生は，クラス全員の注目を集める方法でなく，徐々に，A子と1対1で過ごす時間をもつ一方，個別的に友だちと関わる機会を増やしていった。

二学期最初の席替えで，隣の席の女子のK子と仲良くなり，自宅にも遊びに行くことが増え，10月には，K子に「消しゴム貸して」と，こそっと耳打ちする場面も出てきた。徐々に，くすくすと笑い声が出るようになり，親しい子には，「うん」「いや」という返事ができるようになった。休み時間になると，W先生の机のそばに集まってふざけたり，はしゃいだりする友だちの輪の中にA子も居るようになった。W先生は，A子のニコニコした顔を見て，「話させようと焦らずに，少しずつ，ほぐしていこう」と改めて思った。

から動的なダイナミックな遊びに誘っても後込みすることも少なくない。「守られている，無理強いされない安心感」が関わりを通して形成されるように配慮したい。

Ⅲ　食べることの問題

1　育児上の心配

　人は，生まれた直後から，母乳，ミルク，離乳食と，日々，栄養補給をしながら生き続けている。食の困難さは命や健康に直結することとしてとらえられ，養育者が，「ミルクを飲まない」「野菜を食べない」「ご飯の量が少ない」など，日常より心配の種になることは珍しくない。このように，偏食・小食は，育児相談の中でも比較的多く出されやすいが，体重の増減や健康状態を調べた上で，異常がなければ，「調理の仕方を工夫して」「無理強いしないで食べたら少しでも誉めて」「間食を辞め規則正しい生活や運動をさせて食欲をもたせて」というような養育者への指導がなされる。特定の食品が食べられなくても，他の食品から同様の栄養素を摂取すればいいという考え方を提示して，養育者の心配を和らげようとする指導もあるようだ。

2　給食指導

　保育園，幼稚園，学校でも給食指導はなされている。何でも残さず食べる，よく噛んで食べる，マナーを守って食べる，時間内に食べ終わる等，標語や合い言葉が使われることも多い。給食は，毎日繰り返される指導であるだけに，子どもに与える影響は小さくない。

　子どもによっては，給食の時間が苦痛で，学校に行きたくないという場合もある。「食べ残した子は，昼休みをつぶしてでも最後まで食べさせる」という指導を受けたことのある人が，「嫌いなものも飲み込むのはできるようになったが，友達と遊べない悔しさ，マイナスの注目を浴びる恥ずかしさ，惨めさを感じた」等と，給食を辛い体験として語ることもあるようだ。どのような方法を採るにしろ，食べることそのものの楽しさを奪わない指導を，援助者は心がけたい。

3 摂食障害

さて，思春期になると，極端な減食ダイエットをはじめ，食べ物を受け付けない状況に陥ったり，通常の何倍もの量の食品を食べ続け，肥満をおそれて一気に吐いたり，といったような，いわゆる拒食症や過食嘔吐症という形での摂食障害が主に女子に散見されてくる。現実には骨と皮で生命の危険をはらむ状態になっても，太っていて醜いという身体像の認知のゆがみが生じたり，驚くほど活動的であったりする。手首を切るなどの自傷行為も見られることがあり，成熟して女性になることへの拒否という，より深いレベルでの精神葛藤を抱えている場合が多い。

IV 排泄の問題

1 排泄の自立に向けて

養育者にとっては，食事と並んで排泄の問題も気になるところである。とりわけ，排泄の自立は，乳児期から幼児前期にかけての重要な発達課題のひとつになる。個人差はあるが，遅くとも3歳までには，おむつが外れることが期待され，日々，トイレットトレーニングが繰り返される。当然，下着やズボン，床や布団を濡らす失敗は避けられないが，こうした失敗体験を過剰な叱責を受けることなく安心して繰り返し，成功体験をきちんとほめられることで，子どもは自律感を深めていく。

しかしながら，排泄の完全な自立を見ない子ども，いったん自立したかのように見えた後に，おねしょ（夜尿）やおもらし（失尿・遺尿）を再発する子ども，頻繁に尿意をもちトイレに行く（頻尿）ため，日常生活が円滑にいかない子ども，便秘がちでトイレに行くのを嫌がる子ども，下着に大便をし（遺糞）周りが気づかなければそのままにしている子ども，トイレ以外に排便をする子どもなど，必ずしもスムーズな道筋をたどらない場合も出てくる。周りの大人が，失敗をさせまいと先回りして，「もうトイレに行ったの」「パンツは汚れていないの」「水は飲んじゃだめよ」，失敗した際には，「どうして早く行かない

の」「洗濯が大変なのよ」「またお部屋が臭くなるでしょう」などと声をかけやすいが，これは必ずしも効果的でない。

　同様に，保育現場で「あれえ，4歳にもなっておねしょをするのは赤ちゃんだよね，おかしいよね」等，周りの子どもに排泄の失敗を伝える方法は適切とはいいがたい。同年齢の子どもからも失敗を指摘され，ますます緊張を強いられる雰囲気が形成されてしまう。幼児期の子どもにも自尊心がある。恥ずかしい思いをしないよう，そっと着替えに誘導したい。

　市川（1999）は，幼児期の失尿には排尿の自立が確立していない一次性のものと確立された後に生じる二次性のものがあり，一次性は，トイレットトレーニングの失敗や器質的・機能的障害が原因，二次性は，心理的・環境的要因によるとしている。

　まずは，医療機関（泌尿器科）において，腎臓，膀胱などの排泄器官，あるいは，尿量や尿の比重に影響を与える抗利尿ホルモン量の測定等，器質的・機能的障害の有無を確かめておく必要がある。薬物治療によって，比較的早期に問題が解決する可能性もあるからだ。ただし，泌尿器科で異常なしと診断された子どもが，心理的治療を始めてもなかなか改善せず，数年後，脳波検査を受けたところ，てんかん発作による失禁と判明した例もあり，医学的にも多方面からの診断が欲しいところである。

2　排泄をめぐる大人の対応

　学童期になっても排泄の自立が困難な場合は，生活指導や治療の対象になる。医学的所見から異常が認められないとなれば，どうすればいいだろうか。

　おねしょシーツやブザーなど市販の器具を用いる，水分摂取量の調節や膀胱機能を高めるための排泄トレーニングを実施する，トイレにキャラクターグッズやオルゴールを備えるなどして安心して行ける空間を工夫するなどの例も見られる。こうした試みで軽減できる場合もあるが，必ずしも効果があるとは限らない。

　排泄に限らず，子ども自身は，意図的，意識的に問題を起こしているわけで

はない。きつく叱られたり，説教されたりしたからといって，困った問題が治るということは滅多にない。子ども自身にもコントロールできない，言葉で説明できない，「身体症状を通した大人へのメッセージ」として受けとめてみると，どう対応すればよいか，ヒントがつかめる。

よく観察されることとして，弟妹に家族の関心や愛情が注がれると，上の子どもの退行現象（赤ちゃん返り）として，おねしょやおもらしが始まることがある。「自分も赤ちゃんになって十分な関心や愛情を注がれたい」というメッセージとして親が受け止め，上の子どもが，「弟妹の存在によって親からの愛情が奪われるわけではない」と安心できるような状況になれば，自然に治まることが多い。母親に絵本を読んでもらう，添い寝してもらう，一緒に入浴する，食事の席を隣にする等の工夫を続けて，一日10回近くパンツを濡らしていた幼児の症状が軽快した事例も報告されている。

V 不登校（園）

1 集団生活と個人

これまで保育園，幼稚園，学校などの集団生活の場は，多くのルールや制約の中で，発達課題を克服し，スキルを磨き，社会化を図る場として機能してきた。その反面，反応の多様性や個性を尊重する現代社会の風潮とのギャップも生じており，すべての子どもが，安心して集団生活を営める場になっているとはいいがたい側面も有している。学校不適応という言葉は，子ども個人が学校の枠組みに納まらない状態を指すばかりではなく，学校の枠組みが子どもの現実に適していない状態として理解し，柔軟な体制づくりを模索するという，双方的視点が必要になってきた（小林，1999）。

なかでも不登校の問題は，年々不登校状態の子どもの数も増加しており，今や，特定の子どもが特定の原因によって学校に行けなくなるという局部的な現象ではなくなってきた。すなわち，多様な原因によって誰もが不登校になりうる可能性をもち，学校（教室）復帰だけが最終目標でなく，保健室やフリース

【登校（登園拒否）の援助事例】　救急三点セット

からだが話しはじめた

　幼稚園年長のＫ美は，ふたり姉妹の長女。妹は３歳下。両親と４人暮らし。父親は，仕事に忙しく，子どもたちとゆっくり関わる時間がない状況が続いている。母親は，Ｋ美の出産を機に仕事を辞め，子育てに専念。Ｋ美に３歳から，バレエとピアノと英語を習わせた。Ｋ美が４歳時に，両親が隣の市に住宅を購入したため，幼稚園も変わった。

　新しい幼稚園に入園後数カ月は順調であったが，９月より，「体がだるい，微熱があるのかも」「おなかの，胃のところがチクチク痛む」など，大人顔負けの表現で身体症状を訴え，登園をしぶるようになった。母親は，幼稚園バスでの登園が負担なのかも知れないと考え，１時間ほど遅れて幼稚園に車で送り，お迎えにもいくようにした。また，母親は担任に電話をかけ，「運動会の練習が嫌なのではと思います」など相談したところ，担任からは，「Ｋ美さんは，おとなしくはありますが，すべての活動や行事には嫌がることなく参加されていますよ。園生活は，問題なく，落ち着いているように思えます。ご家庭で何か変わったことはなかったですか？」といわれ，逆に困惑してしまった。心配して連れて行った小児科の医師は，母親にこっそり，「お薬は出しておきますが，気休めです。なにか精神的なストレスを抱えている可能性もありそうですよ」と伝えている。

Ｋ美の思いと母の思い

　朝になると，Ｋ美は，37.3度前後の微熱があり，腹痛に涙をポロポロ流し，ムカムカすると嘔吐したい様子も加わってきた。パジャマ姿のＫ美に「幼稚園はどうするのよ？」と聞くと，「わたしだって行きたいけど，気分が悪いんだもの。」という返事。母親は，気分の悪さは演技している訳でもないとは思うが，行かせようと待っていると泣き続け，もう今日は休もうと言うと，元気になる，それなら行こうと誘うと再び症状が出てくるので，Ｋ美のわがままに振り回されているように感じてしまう。無理矢理連れて行ったこともあったが，その翌朝の体調が悪化しているように感じ，どうした方がいいのか母親はかなり迷った。とうとう運動会は不参加。行かせようと焦っていた母も区切りがついたという。しばらく，習い事もすべてお休みすることにした。

その後，行かない日が1週間ほど続く。K美は，家の中で泣くこともなく生活するようになる。タオルを首に巻き，洗面器とテッシュケースとを持ちながら，「これは，わたしの救急三点セットだよ。気分が悪いときに役に立つ」と言う。首のタオルが汚れているからと母親が洗おうとしてタオルをはずそうとするとK美は猛烈に怒ったという。

サポートを得て変わりゆく母

母親は，運動会後に，担任ともあらためて話し合いをもった。また，担任から紹介されたカウンセラーや不登校児の親の会に相談に行き，父親とも電話で話すことが増え，母親自身の精神的な不安定さをサポートする体制が整ってきた。

母親は助言を受けて，「身体がちゃんと元気になってから幼稚園に行こうね。」と声をかけ，K美が安心して生活できるように心がけた。家の中ではK美の目が届く範囲にいて，K美がぴたっと抱きついてきたときは，家事を中断して膝に抱いて話を聞いた。可能なときは，祖母に妹の面倒を頼んで，K美と二人で外出した。夜は，先に妹を寝かせK美に添い寝をしながら話をした。日曜日には久しぶりに父親もそろって家族でハイキングに出かけた。

回復の兆し

2週間後，いつも身につけていた救急三点セットは部屋の片隅に忘れ去られ，救急場所としての母親に「ママー」と抱きついていくようになった。また，幼稚園の先生やクラスの友人からの電話や訪問を喜ぶようになり，「今日はね，コスモスの絵を描いたんだって」「今度の遠足は動物園だって。ゾウがいるのかなぁ」と母親にも幼稚園のことを話した。日曜日，幼稚園前を通ると園庭や園舎をのぞき込むようにして眺めていた姿もあった。「ママ，明日から幼稚園に行くからバック準備して」と言った翌日から，K美はひとりで幼稚園に行くようになった。

クールなど学校外のさまざまな機関活用によって,集団生活の場で損なわれてきた生きる力を再び取り戻す営みとして,徐々に認知されてきつつある。

2 不登校の生じる背景と援助

不登校（園）というのは,学校（幼稚園・保育園）に行っていない子どもの状態を広く指し示す用語であり,昔は学校恐怖,学校嫌い,登校拒否と呼ばれていた子どもの一群を指している。不登校になるきっかけはさまざまであるが,比較的低学年までの不登校の背景には,親と離れたがらず,結果として不登校状態になるという「分離不安」に起因している場合が少なくないといわれる。

乳幼児期前半では,人見知りに代表されるように,慣れ親しんだ大人との分離に対して後を追う,しがみつく,泣く,などの行動を表すことがある。これは,安心できる対象と未知の危険な対象を識別できる証であり,発達上健康な分離不安である。やがて,特定の大人との間に安心して過ごせる情愛的絆が形成され,こころの安全基地としてのイメージが作られると,物理的に離れていても,分離不安に耐え,一人で過ごせるようになる。このプロセスを親子で再び獲得するような環境を整えることで,結果的に再登校できる場合も少なくない。子どもが小さいうちは,大人が力ずくで登園させる場合もあるが,子どもの気持ちを感じ取れないままの一方的な対応は,好ましいとはいえない。

小学校高学年以降の不登校は,家庭,本人,学校の各要素が絡み合い,いじめや対人トラブルなどをきっかけに休みがちになる場合が多い。従来は,優等生の息切れ型といわれるような,幼児期に自我の育ちが充分でなく,良い子として過剰に適応してきた子どもが不登校に陥るケースが指摘されてきたが,新たな動向として,ふわふわしてとらえどころのない浮遊タイプ,一見すると元気な不登校タイプなどが登場してきた（鍋田,1999）。昼夜逆転,ひきこもりなど症状が長期化する場合には,精神疾患も考えられる。専門家や自助グループのサポートが不可欠であろう。

Ⅵ　チック症

　チックとは，本人の意図とは無関係に発生する，突発的で急速に繰り返されるパターン化された行動であり，まばたき，肩すくめ，顔しかめなどの運動チックと，「うっうっうっ」などの短い発声，コンコンと咳をする，鼻をならすなどの音声チックに分けられる。それぞれに，「モノの匂いをかぎまわる」「突拍子もない言葉を連発する」など，より複雑化した行動パターンも見られ，一見すれば，本人が目的をもってわざとしているのではと誤解されることもある。チック自体は，10人に1～2の子どもに見られ，大部分は，一年以内に消えてしまう一過性のことが多い。

　なぜ，チックが起こるのか，従来は心因性疾患といわれてきたが，最近は，脳基底核の神経伝達物質のアンバランスが関与していることが指摘されている（太田，1999）。

　とはいえ，緊張状態は，チック症を引き起こしやすい準備状態を作り上げていると考えられ，ストレスを少なくし，精神的に安定することで，一時的な軽いチック症は消失することも少なくない。ただし，チックが慢性化した場合やトゥーレット症候群（多様性の運動チックとひとつ以上の音声チックが1年以上続き，一部，汚言症と呼ばれる卑猥な言葉の不適切な発現が見られる，チックの一類型）と診断された場合は，心理療法，行動療法，薬物療法が試みられる。チック症は，多くの場合予後は良好とされ，社会適応もできるようになるといわれている。

　星加・三輪（2001）は，チックのある子の母親に対応マニュアルを作成し，育て方が悪いのか，いじめが原因か，テレビを見せて良いか，効く薬はあるのか等，心配な30項目に対して，正しい知識を提供し，保護者が安心してチック症の子どもに対応できるようにしている。なぜなら，本人はもとより，周囲の人間がその症状を気にするかどうか，本人のもつ一種の癖として受け入れていけるかどうかも症状発現に無関係ではないからである。

Ⅶ　PTSD（心的外傷後ストレス障害）

　PTSD（心的外傷後ストレス障害）は，こころの傷とかトラウマとの関連で使われる専門用語である。アメリカの精神疾患の診断体系である，DSM-IVの記述を平易な言い方に直すと，自分ないしは近親者が死ぬかもしれないという体験，身体に重い傷を受けてしまうような体験に遭ってしまい，「怖くて身がすくむ」「自分ではどうすることもできない」など強い恐怖感や無力感，絶望感を覚えた経験は，トラウマ（心的外傷）となりうる可能性がある。「魂の死」ともいうべき体験である。その後，悪夢や白昼夢，フラッシュバックなどトラウマになった経験が何らかの形で繰り返し体験され（侵入性の症状），トラウマ体験を思い出せてしまう刺激を避けたり（回避性の症状），意欲や感情が乏しくなり，外界のあらゆる刺激に対して引きこもってしまったり（反応麻痺性の症状），眠れない，注意が集中しない（過覚醒）などの障害により生活に支障をきたす状態が，一カ月以上持続することである。

　PTSDは，トラウマのすべてを含む概念ではなく，上記のような診断基準に合致したものに限定されるが，子どもの場合，事故や犯罪，天災，家族の喪失体験といった突然の事態，あるいは日常的に繰り返される虐待体験などは充分トラウマ体験になりうる。

　人は，自らの処理能力を超えるような強烈な体験をした場合，その体験から自分を保護するために，その体験に関わる記憶や感情，感覚が，いわば瞬間冷凍された状態になるという（西澤，1998）。時間の経過とともに自然と軽快化する傷つき体験とは違い，このような凍りついた体験には，心理療法的な援助が必要なのであるが，まだまだ充分な理解と対応がなされていないことが多い。子どもへの援助者は，トラウマによって生じるさまざまな子どものサインを問題行動としてでなく，援助を求める子どものサインとして受け止め，サポートチームを機能させながら関わっていく手法を学んでいかなければならない。

第6章 こころの問題Ⅰ

引用文献

（1） 市川宏伸　おねしょ，大便を漏らす　山崎晃資・山内俊雄・下坂幸三（編）こころの家庭医学　保健同人社　1999　Pp. 102-103。
（2） 井上もと子　落ち着きのない子をどう支えるか―学校教育ができること―　こころの臨床20巻4号　星和書店　2001　Pp. 500-503。
（3） 太田昌孝　チック，トゥーレット症候群　山崎晃資・山内俊雄・下坂幸三（編）こころの家庭医学　保健同人社　1999　Pp. 471-473。
（4） 大橋節子　気になる行動と発達の問題　青木紀久代・馬場禮子（編）　保育に生かす心理臨床　ミネルヴァ書房　2002　Pp. 144-159。
（5） 小林正幸　学校不適応問題にどうかかわるか　こころの科学87号　日本評論社　1999　Pp. 27-31。
（6） 設楽雅代　吃音・緘黙症　山崎晃資・山内俊雄・下坂幸三（編）　こころの家庭医学　保健同人社　1999　Pp. 468-470。
（7） 鍋田恭孝　学校不適応と引きこもり　こころの科学87号　日本評論社　1999　Pp. 20-26。
（8） 西澤　哲　子どものトラウマ　講談社現代新書　1998。
（9） 星加明徳・三輪あつみ　チックについての母親への説明と家庭での対応　こころの臨床20巻3号　2001　Pp. 373-382。

参考文献

（1） 山崎晃資・山内俊雄・下坂幸三（編）こころの家庭医学　保健同人社　1999。
（2） クラウディア・ハーバード（勝田吉彰訳）心に傷を受けた人の心のケア　PTSD（心的外傷後ストレス症候群）を起こさないために　保健同人社　1999。
（3） 団　士郎　不登校の解法　家族のシステムとは何か　文春新書　2000。
（4） 斉藤万比古　不登校だった子どもたちのその後　こころの科学87号　日本評論社　1999　Pp. 81-87。
（5） 村瀬嘉代子　子どもの心を支えるために　こころの科学94号　日本評論社　2000　Pp. 17-22。
（6） 青木久子・間藤　侑・河邉貴子　子ども理解とカウンセリングマインド―保育臨床の視点から―　萌文書林　2001。

（田口　香津子）

コラム

色彩とフォルムが織り成す世界

　色と形が動いていくだけの，きわめてシンプルな絵本がある。レオ・レオーニの『あおくんときいろちゃん』だ。色紙をちぎったあとのぎざぎざが残る，まるみを帯びた単純なフォルムが「心」を表現していく。とんだりはねたり，はずむ心が重なったり，時には涙がこぼれたり。正方形の画面に配置される色と形の妙味が空想力をかきたて，イメージの世界が膨らんでいく。

　ザラザラくん，ツルツルくん，ポツポツちゃんらが登場する『これ　なあに？』。デフォルメされた抽象形である登場人物は，発泡性インクで描かれ隆起している。指でなぞり，感触の違いを確かめながら絵を読んでいく楽しみは，心の目に触れていく。

　音や感触を扱ったものには，元永定正氏の『がちゃがちゃどんどん』『もこもこもこ』『ころころころ』などがある。言葉を覚え始めた頃には，ものの名称がまだそのものの発する音であることが多い。ワンワン，ブーブー，ピョンピョン…。音と言葉を結びつけながら，ものの感触や性質を確かめていく幼い子どもたちにとって，元永氏の絵本は宝物だ。音や感触を表すシンプルで大胆な色彩と形は，どことなくユーモラスで，繰り返し手にしてもけして飽きることがない。言葉のリズムの楽しさも味わえる。

　さらに，『うたがみえるきこえるよ』というタイトルの絵本がある。モーツァルトの「ヴァイオリンコンチェルト作品K63」を表現したというその絵本には，さまざまな色と形が奏でられている。ヴァイオリンから弾き出された美しい玉は，リズミカルな波となり，うねりとなる。色彩が織り成す画面は，さまざまな楽器の音色をイメージ化し，音楽が感じられる絵本となった。

　目に見えるもの，明確な形となっているものだけを与えたくない。類型化したイメージの刺激に慣らされぬよう，子どもたちの想像力を培っていきたい。曖昧模糊とした多種多様なイメージを楽しみながら，心の中で想像し描き出していく力。幼い頃手にする絵本は，そうした力の源となったり，助けとなったり，想像力の種となってほしい。

　人は見えないものを見ようとしたり，感じとろうとする。見えないもの，たとえば人の心。

　　　『あおくんときいろちゃん』（レオ・レオーニ作，藤田圭雄訳，至光社）
　　　『これ　なあに？』（バージニア・A・イエンセン／ドーカス・W・ハラー作，熊
　　　　谷伊久栄訳，偕成社）
　　　『がちゃがちゃ　どんどん』『ころころころ』（元永定正作，福音館書店）
　　　『もこもこもこ』（谷川俊太郎作・元永定正絵，文研出版）
　　　『うたがみえるきこえるよ』（エリック・カール作，森比左志訳，偕成社）

　　　　　　　　　　　　　　　　　　　　　　　　　　　　　　　（天野　珠路）

第7章

こころの問題 II ──大人の場合──

　早朝から林立するビルの中へと急ぐ人々，行き交う車。どのような思いで歩き，車にのり会社へと向かうのであろうか。ビルの中は，快適な空調設備のもと，事務機器が機能的に配置されたビジネス空間となっている。その一室に腰を落ち着けながらも，思い通りにはいかない仕事や人間関係，人生上の艱難（かんなん）を感じている人もいるのかもしれない。夫を送りだした主婦は毎日繰り返される休みのない家事や育児に辟易しているのかもしれない。

生きていく上でさまざまなストレスや精神的問題や苦悩を誰しももつことがあると思われる。大人になればなるほど，社会で働く，家庭をもつ，子どもや部下を育てるなど社会や家庭での義務と責任が増え，養育的，教育的，生産的，創造的な活動に従事せねばならなくなる。また，人間関係も職場での人間関係，夫婦関係，親子関係，親戚関係，近隣との関係など，複雑さと広がりをもってくる。このように多様な場面で起こってくるストレスや人生上の課題が対処できないほど大きい場合，精神的病理や症状，行動上の問題が生じることがある。もし，その不適応状態が著しく，また長く続く場合，それは，単に学校や仕事上のストレスがきっかけであったとしても原因はそこだけにあるとは考えにくい。もともとその人の性格や知的能力，対人関係能力，対処能力といったさまざまな日常生活を行なっていく能力を含めた，その個人の人格や自我の力の要因も考えなければならない。そして，その人格を考える際にはその形成の基礎となる乳幼児期にさかのぼって親子関係を中心にした生育環境を考えていくことも大切であるし，その年齢における発達上の社会文化的状況や心身の特徴，自我状態をあわせて考えていくことが必要であると思われる。

　精神病理や障害には多くのものがあるが，ここでは精神病の代表的なものである精神分裂病（統合失調症）と躁うつ病（感情障害），境界性人格障害，強迫性の問題，また，暴力の問題について，児童虐待とドメスティック・バイオレンスの面から取り上げていく。

(キーワード)
・発達　・自我の力　・精神病理　・乳幼児期　・衝動
・子育て

I 暴力の問題
―― 児童虐待 ――

　乳幼児は親を中心とした家庭の中で，愛情とさまざまな世話やしつけ，言葉や身体の相互コミュニケーションによって，人としての精神的・身体的基盤がつくられていく。それは，人を信頼する気持ち，生活文化様式の学習と適応，自己表現力と対人関係能力，自己像，道徳観や倫理観の形成といったものであろう。ところが，児童虐待の場合，これが全く逆である。家庭や社会施設内という密室の中で，心身がか弱く自分を守るすべさえ身につけていない子どもたちが，大人たちのしつけという名目やストレス解消，欲求充足のために虐待をうけ，心身に外傷を負う事件が徐々に報告されるようになってきた。児童虐待という名称ではないにしても，人身売買や嬰児殺しなどは昔からその時代や制度の中で行なわれてきていて，日本でも子どもは親の所有物という意識が強かった。しかし，その日本でも2000（平成12）年に児童虐待防止法が制定されるなど，児童の人権擁護や人権意識の高まりから，ようやく社会問題として注目され始め，その対応がとられはじめた。現在でも公的機関で公表される件数よりもかなり多くの件数が潜在的にあるものと思われるが，親の愛情と家庭を失うのが恐い子どもたちの立場で，親を公的機関に訴えたり周りの人に告げることはほとんど不可能であると思われる。児童虐待とはいうが，虐待が思春期まで続くことも多く，虐待をうけているのは児童のみではない。

1 定　義
　児童虐待防止法によると，児童虐待とは次のようなものである。虐待を行なうものは父親，母親，親戚，先生，施設の職員などが考えられる。
① 身体的虐待
　「児童の身体に外傷が生じ，又は生じるおそれのある暴行を加えること」
　　子どもがいうことをきかないから，悪いことをしたからと，殴る，ける，

突き飛ばす，柱に縛り付ける，おなかを踏む，煙草の火を押しつけてやけどを負わせるなど，身体に暴行を加えることである。それが，次第にエスカレートしたり，反復的，継続的に行なわれたりする。

② 性的虐待

「児童にわいせつな行為をすること又は児童をしてわいせつな行為をさせること」

親が実子，養子，もしくは親戚の大人が親戚の子どもにたいして，性的行為を強要し暴行するものである。「かわいいから」「いいことおしえてあげるから」といって，母親の目を盗んで寝床に誘ったり，母親はうすうす気づいてはいるが黙殺したりする場合もある。思春期の子どもの場合，妊娠し堕胎することもあり，子どもの性に対する恐怖や罪悪感などの心身の傷つきは計りしれない。

③ 保護の怠慢ないし拒否（ネグレクト）

「児童の心身の正常な発達を妨げるような著しい減食又は長時間の放置その他の保護者としての監護を著しく怠ること」

子どもは，自分では衣食住をまかなうことができないし体力もない。そのため，罰のためにご飯抜きといった減食，絶食や不潔な部屋におかれたり，着替えさせてもらえなかったり，入浴させてもらえないなど不衛生な状態に置かれたり，病気をしても治療をうけさせてもらえないといったことにより健康や生命の維持が危ぶまれることになる。

④ 心理的虐待

「児童に著しい心理的外傷を与える言動を行なうこと」

子どもの存在や行為に対して，子どもを否定したり，悪口をいったり，子どもが近づいてきても拒否する。あるいは，子どもの求めに対して脅したり，絶対的に服従を要求したりすることである。ただし，言動のみではなくそれに伴う親の表情や動きや態度なども子どもは感じたり読み取っていたりするので，そのようは非言語的な態度も含まれる。そして，言語，非言語両方の面から，子どもは心理的外傷をうけ，不安やうつ状態，無感動，激しい攻撃

第7章　こころの問題Ⅱ

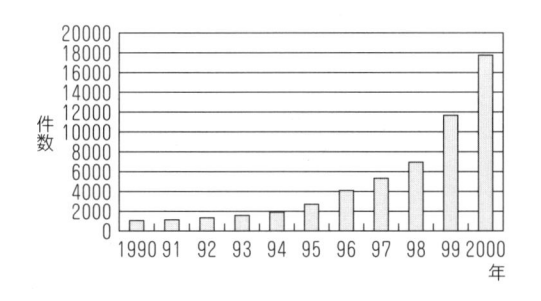

図7-1　虐待に関する相談処理件数の推移
（出所）　平成12年度　児童相談所における児童虐待相談処理件数報告（厚生労働省ホームページ）より作成。

図7-2　虐待の種類別件数
（出所）　図7-1に同じ。

性，不適応状態がみられる。しかし，この虐待は親がしつけのもとで行なう場合との区別がつきにくい面があり，判断がむずかしい場合もある。

2　統計資料による実態

実際，このような虐待は1990年から10年間で16倍と報告された件数だけでも急増している（図7-1）。また，その虐待の内容別では身体的虐待が半数で最も多く，保護の怠慢ないし拒否（ネグレクト）が40％弱，心理的虐待が10％，性的虐待が4％となっている（図7-2）。また，被虐待児の年齢構成では，小学生が35％と最も多い。3歳未満児が20％，3歳〜学齢前児童が30％と学齢前児童は半数を占めている（図7-3）。

幼いときに負った心身の傷は，その子どもの成長に深く重い影を落とすことになる。「自分はだめで悪い子」という自尊心の傷つきや自己否定感により，対人関係における恐怖心を抱くうえに課題に取り組む意欲や喜びをみいだす力までもそがれていくことになる。

3　加害者の特徴 ── 母親に偏った育児

虐待を行なう加害者とはいったいどのような大人であり，その原因はどうしてなのであろうか。

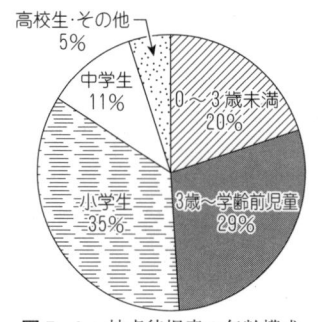

図7-3 被虐待児童の年齢構成
（出所）図7-1に同じ。

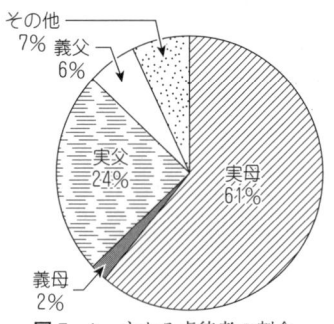

図7-4 主たる虐待者の割合
（出所）図7-1に同じ。

　虐待者の続柄を見ると実母が60％強と最も多く，実父が24％，以下義父，義母と続いている（図7-4）。実母が多いのは意外に思われるかもしれないが，池田（1992）は，「虐待をする家族の47％は近隣からも孤立し，友人や親族などの相談相手を持っていない」と述べている。このように地域社会のつながりが弱くなり，核家族で孤立した育児環境の中，育児不安を抱く母親は多いであろう。身近にすぐ相談できる親戚や友人がいない場合，その不安やストレスは暴言や暴力もしくはネグレクトとなって子どもに直接いきやすいと考えられる。さらに父親は育児に積極的に参加するということが少なく，夫が深夜帰宅する場合は，一日中，乳幼児と二人きりの生活は息苦しく感じる母親もいるであろうことは容易に想像できる。吉葉（1998）も「乳幼児虐待にいたる要因を探っていくと，社会的に構造化された力関係によって追い詰められた母親（女性）がその代償により自分より弱者である子どもに虐待をおこなっていることがわかる」と述べている。

　また，菅原ら（1999）は，妊娠中や出産後は子どもに否定的な感情をもっていないが，かんしゃくをおこしやすい，ちょっとしたことで激しく泣くといった，攻撃的な問題のある性格傾向をもった子どもの場合，母親は育てにくいと認知してしまうと述べている。そして，そのような生活史から否定的な感情が芽生えてくると，それが児童期まで関連するという。これを防ぐ要因としては，父親の良好な養育態度や母親の父親への信頼感や愛情が重要であるとしている。

したがって虐待の問題では，母親の育児態度のみならず，子どもの生来的な性格による育てにくさ，扱いにくさも考えていかねばならないであろう。

そして，この虐待を防止するためにも，母親の負担が大変重い育児の現状とそれに対するサポート体制を考えていかねばならないであろう。また，親自身が被虐待の経験があるために，子どもを虐待してしまうという世代間伝達の問題もある。育児は自分自身の人格を揺るがし，自分の幼児体験を賦活させ，その頃の感情や葛藤を無意識的によみがえらせるものである。現在の家族や社会状況のみならず，その個人の過去体験や性格傾向も考慮し，母親自身の傷の癒しも必要となってくるであろう。

Ⅱ 暴力の問題
―― DV（ドメスティック・バイオレンス）――

ドメスティック（domestic）とは英語で「家庭の」という意味があり，ドメスティック・バイオレンス（domestic violence）とは家庭での暴力，ひいては配偶者やパートナーからの暴力をさしている。2001年4月に成立した「配偶者からの暴力の防止及び被害者の保護に関する法律」では被害者と加害者の関係を婚姻関係（事実婚を含む）に限定し，被害者の性別を問わないとしている。しかし，実際は女性が被害者となることがほとんどで，女性の社会的進出や地位向上が叫ばれようとも，今なお女性が弱者の立場である。よって男性が女性へ暴力をふるうことで，自分の思いや欲求を満たしたり，男性性を表現しようとしたりするなど，男性の暴力性が社会的に許容される悪しき風潮が現存しているものと思われる。

1 定 義

ドメスティック・バイオレンスの暴力の形態は次のように考えられる。
① 身体的暴力「殴ったりけったり，直接何らかの有形力を行使するもの。刑法第204条の障害や第208条の暴行に該当する違法な行為であり，例えそ

れが配偶者間で行われたとしても処罰の対象となる。」殴る，ける，物を投げてぶつける，といった身体に傷害をおわすことである。

② 精神的暴力「心無い言動等により，相手の心を傷つけるもの。精神的な暴力については，その結果，PTSD（心的外傷後ストレス障害，post traumatic stress disorder）体験にいたるなど，刑法上の障害とみなされるほどの精神障害に至れば，刑法上の傷害罪として処罰されることもある。」心理的な傷つきを言葉によってあたえるもの。大声でどなる，持ち物や人間関係を細かくチェックしたり問い詰めたりすることである。

③ 性的暴力「嫌がっているのに性的行為を強要する，中絶を強要する，避妊に協力しない」といったもの。嫌がっているのに，ポルノビデオや性的な本などを見せたりすることも含まれる。

④ 経済的暴力　夫が妻に生活費を渡さないといったもの。

2　虐待者と被虐待者の特徴

図7-5によると夫やパートナーからの精神的暴力が，1，2度を含めると対象者の半数で見られ，身体的暴力も3分の1，性的暴力も2割見られる。このように，夫婦間の暴力は比較的多い。

ウォーカー（1997）は，虐待を受ける女性の性格について，伝統的な家庭主義者で固定的な性役割観が強く，自己評価が低い，「自分が悪いからこうなる」といって虐待者の行為について責任をとるといったものをあげている。また，虐待者の男性の性質として，自己評価が低く，男性至上主義で，自分の行動を他人のせいにし，病的な嫉妬深さがあり，セックスを支配的行動として利用するといったことをあげている。虐待者の男性へのセルフヘルプ活動を実践している中村（2002）によると，虐待者は暴力を「コミュニケーションの一過程」と考え，女性が「暴力を受け止めて和らげるのがケアであるし，世話であるし，女性の役割」と考えているなど，暴力の裏には甘えや依存が隠れている。

同じくウォーカー（Walker 1979）の暴力のサイクルを図7-6に示した。この図を説明すると，最初に些細な暴力事件が起こり，被虐待者はそれを自分に

第7章 こころの問題Ⅱ

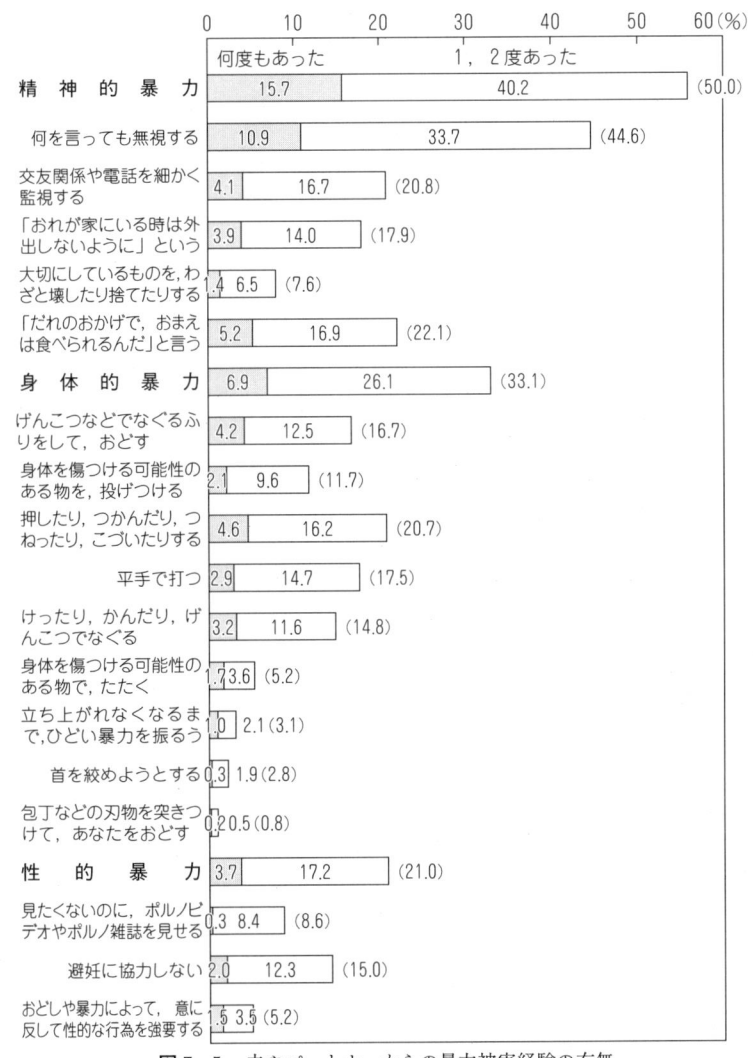

項目	何度もあった	1,2度あった	合計
精神的暴力	15.7	40.2	(50.0)
何を言っても無視する	10.9	33.7	(44.6)
交友関係や電話を細かく監視する	4.1	16.7	(20.8)
「おれが家にいる時は外出しないように」という	3.9	14.0	(17.9)
大切にしているものを、わざと壊したり捨てたりする	1.4	6.5	(7.6)
「だれのおかげで、おまえは食べられるんだ」と言う	5.2	16.9	(22.1)
身体的暴力	6.9	26.1	(33.1)
げんこつなどでなぐるふりをして、おどす	4.2	12.5	(16.7)
身体を傷つける可能性のある物を、投げつける	2.1	9.6	(11.7)
押したり、つかんだり、つねったり、こづいたりする	4.6	16.2	(20.7)
平手で打つ	2.9	14.7	(17.5)
けったり、かんだり、げんこつでなぐる	3.2	11.6	(14.8)
身体を傷つける可能性のある物で、たたく	1.7	3.6	(5.2)
立ち上がれなくなるまで、ひどい暴力を振るう	1.0	2.1	(3.1)
首を絞めようとする	0.3	1.9	(2.8)
包丁などの刃物を突きつけて、あなたをおどす	0.2	0.5	(0.8)
性的暴力	3.7	17.2	(21.0)
見たくないのに、ポルノビデオやポルノ雑誌を見せる	0.3	8.4	(8.6)
避妊に協力しない	2.0	12.3	(15.0)
おどしや暴力によって、意に反して性的な行為を強要する	1.5	3.5	(5.2)

図7-5 夫やパートナーからの暴力被害経験の有無

(出所) 男女共同参画の現状と施策のホームページ。
(注)1 回答者は夫またはパートナーのいる女性1,183名。
　　2 「まったくない」および「無回答」については、図では提示していない。
　　3 ( ) 内の数値は、「何度もあった」および「1,2度あった」を合わせた回答の割合（内訳の各割合は表章単位未満を四捨五入してあるので、内訳の合計が計と一致しないこともある）。

(1) 緊張形成期　(Tension Building)
(2) 急性暴力期　(Acute Battering Incident)
(3) 懺悔とハネムーン期　(Contrition Honeymoon)

身体的暴力
心理的暴力
性的暴力
経済的暴力

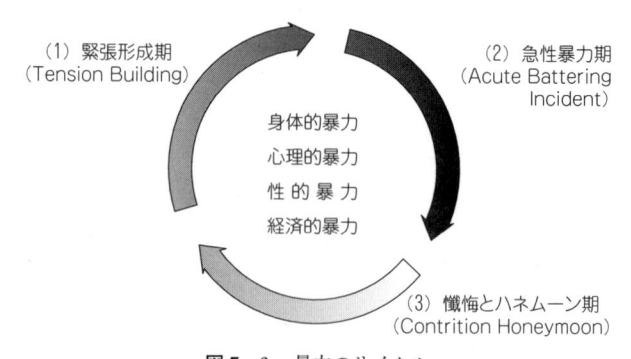

図7-6　暴力のサイクル
（出所）　Walker（1979）をもとに波田（1995）が作成。

責任があるものとして納得して受け入れ，またこのサイクルを止めることはできないといった学習性無力感症候群に陥る（第1相）。次にはそれがエスカレートし，抑制の効かない激しい虐待になり，心身に傷を負う（第2相）。しかし，虐待が終わり時間が経つと，虐待者は愛情深く，やさしい，後悔に満ちた態度となるために二人の共生的な絆がつくられる（第3相）。そして，また第1相の暴力が始まるといった悪循環に虐待者―被虐待者関係は陥っている。

このように，精神的にも肉体的にも親密な関係である夫婦や恋人関係における虐待関係は根が深く，警察や病院といった外部機関にその対応を求めることが少ないといわれる中，なかなかその問題の解決が難しい。そのため，大きな傷害事件や殺人事件となって初めてその問題が明らかにされるといった悲劇的な結末を迎える危険性が大きい。それを防ぐための社会的サポートシステムや女性の人権向上といった公的取り組みは端緒についたばかりではある。今後ますます整備・活性化される必要があろう。

Ⅲ　強迫の問題

1　症　状

強迫とは自分自身でも無意味でばかばかしいことであると思い，やめたいと

思うもののその意志に反して，ある観念や表象，衝動，行為が持続的反復的に現れる症状をいう。そしてそのために，日常生活に支障をきたし，それらに駆り立てられることで，精神が苦しめられて，疲労困憊する状態となる。また，それをとめようとしたりすると強い不安や懲罰への恐れといった不安がつきまといしんどくなる。

これらの強迫観念や強迫行為は，たとえば，仕事から帰ってきたら，玄関で服を脱ぎ，すぐシャワーを浴びたり，歯磨きを1度終えても，また数回歯磨きを繰り返したり，テーブルの上の髪の毛が異様に気になったりする観念（考え）や行為として見られる。

アメリカ精神医学界の診断マニュアルDSM-IVによれば，「強迫性人格障害」の診断基準は表7-1のようになっている。

2　あるケース

38歳の男性は，妻（34歳）と小学1年生の男児と3人で住んでいる。男性は，仕事ではなんらトラブルを起こすことなく，勤勉実直な面を見せる。ところが，彼の唯一の安らぎの場と考えられる家庭に帰ると，昼間の顔とは異なる面を見せ始める。

帰宅すると，テレビの前に子どもを座らせ，その横に寝そべり，テレビをみている子どもの髪の毛を引っ張るように触りだす。子どもはその行為が嫌ではあるが，嫌だというと父親に激しく怒られるため，耐えており，その影響も子どもに出ているが，ここでは紙数の都合で触れない。

子どもは9時になったら就寝するため，その後は自分の髪をクリンクリンと触りだす。引っ張るように触るため，彼の髪の毛は薄くなりつつある。妻が，家事を終わるのを待っていたかのように，寝室では，今度は，横に寝ている妻をヨコ向けにして，妻の髪の毛を同じように引っ張るように触り始める。その行為は，彼が寝込んでしまうまで続けられる。妻も嫌だといえば，衝動的に怒り出すため，嫌だといえず耐えて来た経緯がある。現在は，カウンセリングが続けられており，触る時間は30分と決められているが，この行為がやむ予測は

表7-1 　強迫性人格障害（Obsessive-Compulsive Personality Disoder）

秩序，完全主義，精神面および対人関係の統制にとらわれ，柔軟性，開放性，効率性が犠牲にされる広範な様式で，成人期早期に始まり，種々の状況で明らかになる．以下のうち4つ（またはそれ以上）で示される．
(1) 活動の主要点が見失われるまでに，細目，規制，一覧表，順序，構成，または予定表にとらわれる．
(2) 課題の達成を妨げるような完全主義（例：自分自身の過度に厳密な基準が満たされないという理由で，1つの計画を完成させることができない）を示す．
(3) 娯楽や友人関係を犠牲にしてまで仕事と生産性に過剰にのめり込む（明白な経済的必要性では説明されない）．
(4) 道徳，倫理，または価値観についての事柄に，過度に誠実で良心的かつ融通がきかない（文化的または宗教同一化では説明されない）．
(5) 感傷的な意味のない物の場合でも，使い古した，または価値のないものを捨てることができない．
(6) 他人が自分のやるやり方通りに従わないかぎり，仕事を任せることができない，または一緒に仕事をすることができない．
(7) 自分のためにも他人のためにもけちなお金の使い方をする．お金は将来の破局に備えて貯えておくべきものと思っている．
(8) 硬さと頑固さを示す．

（出所）　DSM-IV, Pp. 232-233.

つかない．妻に対して，いわゆる性的行為はほとんど無く，ただ髪を触る強迫行為が起きるのである．

　男性は，この自身や人の髪を触る行為は，中学2年の頃から強くなったといい，その原因は，当時の担任が，校内のある事件の犯人として，クラス全員の前で名指ししたことだと述懐している．それまでも，夕方以降に共働きをする親の元で，寂しい夜を過ごしてきたこともあり，髪の毛を強迫的に触る癖はあったと説明する．中学のその名指し事件以来，男性は不登校になり，その傾向は高校中退に発展する．男性は，面接場面で「本当は大学に行って研究者になりたかった．このような人生を送るはずではなかった」と訴えてくる．現在は，妻からの離婚話も出始めている．

3　原因の推測

　強迫性人格障害は，神経伝達物質セロトニン作動系（P．42参照）の神経ネットワークづくりの失敗として説明されることも多い．セロトニンは，子ども

に満足感，安心感，信頼感，幸せ感を感じさせない子育て環境では不足しがちとなる。子どもは，寂しく，不安な気持ちをもち，その防衛機制（自己防衛行動）として，強迫的な観念や行為をもつようになるという説明である。セロトニンは，行為を繰り返すことで脳内にある程度満たすことができるため，繰り返し，ある固執した行為を行なうのであろう。

Ⅳ　精神分裂病（統合失調症）

精神分裂病は精神病の代表的で重篤な疾患である。この病名は，クレペリンが内因性精神病を躁うつ病と早発性痴呆という疾患単位に分けたが，ブロイラーはその早発性痴呆について精神機能の分裂や解体を問題にし，精神分裂病と1911年に命名した（高橋，1998）。しかし，この病名は2002年1月に日本精神神経学会により，「統合失調症」という病名に変更されている。

1　症　　状

ブロイラーによると，以下の症状がまとめられている（小此木，1988）。

〔基本症状〕

① 　連合弛緩　思考の過程に障害があり，奇妙で非合理的な思考が見られる。文脈に脈絡がなく，意味が通じない。

② 　自　　閉　自分の殻に閉じこもって，内的な妄想的世界や病的体験の世界に没頭し，現実との接触が障害されている。

③ 　感情の不調和　気分は変わりやすく，病的である。感情鈍麻，感情の平板化，極端な敏感さがある。

④ 　アンビバレンス　矛盾した感情を同時に抱く現象。同一人物を愛して憎んだり，苦しいといいながら笑顔を示したりする現象。

〔副症状〕

⑤ 　幻　　覚　幻聴，幻視

⑥ 　妄　　想　現実にはありえない誤った確信の世界をもち，訂正不可能で

ある。
⑦ 関係念慮(ねんりょ)　他者の言動が自分に関係していると体験する。しばしば被害的なもの。
⑧ 現実吟味力の欠如

また，分裂病の代表的なタイプとして，次のようなものがあげられる。
①妄想型　妄想や幻視，幻聴といった現実にはありえない出来事が実際に起こっているものととらえ，そのような妄想や幻聴にしたがって行動したり，周りのものや人と関わる。
②破瓜型(はか)　支離滅裂な思考や会話。感情の平板化，鈍麻化がある。
③緊張型　身体の緊張感，奇異な自発運動が見られる。反響言語，反響動作がみられる。

2　発病の時期とその特徴

　この病気は，思春期・青年期に発病しやすい。この時期は性的感情や，攻撃的感情といった原始的感情の高まりとともに，恋愛関係や友人関係をもっと楽しみたい，知識や技能を身につけたい，立派な人間になりたい，理想を実現したいといった多くの欲求と激しい衝動が高まるものである。しかし，精神分裂病では，その激しいエネルギーを適切な形で活用できにくい。それらを思想や空想へと高めていったり，安定した対社会的行動や情緒的な交流のある友人関係をもって社会に適応していくことが困難である。そのため，思春期，青年期の激しい混乱や不安から自分自身をまもることができないし，自分の身体，自己像，欲求，感情，認知，思考，態度，身体感覚を統一したイメージで保持することができない。つまり，アイデンティティの統合的保持ができない。それは，図7-7に示すように心の境界，自我境界が稀薄であるゆえに，外界の現実と内的世界での考えや欲求，感情といったものが混同されるためである（前田，1985）。
　たとえば，短大卒業後に発病したA子は，妄想や思考障害といった陽性症状が薬物療法によって落ち着き，投薬を受けながら精神療法を希望し面接を受け

第7章 こころの問題 II

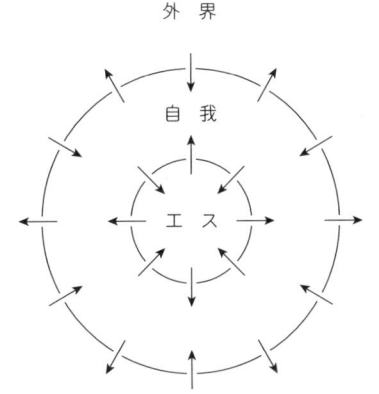

外 界

自 我

エ ス

図7-7 精神分裂病（統合失調症）の自我境界
（出所） 前田（1985）。

ていた。面接では軽作業のアルバイトをするといった生活のサイクルをととのえることと，生活上のストレスを聞き症状が悪化しないための，支持的な心理療法を行なっていた。作詞のサークルに属し，詩をかいてきて嬉しそうに見せてくれるなど面接関係は良好で安定していた。しかし，大好きな歌手が深夜放送で，性的なことをいったことにより，自我防衛が崩れ傷つき，激しい攻撃性が突出し，面接者への嫉妬と，非難，激しい興奮といった症状が急に出始めた。また，面接には，いつも父親がA子に付き添っていて，その密着さに奇妙なものを筆者は感じていたが，性的虐待を感じさせるエピソードがその状態が悪化したときに語られたことがあった。

3　治　療

　この病気は，人口の約0.7％が罹患するといわれているが，発病後の治癒については，約30％が治癒し，約30〜40％が慢性継承状態になり，さらに約20〜30％が重症例といわれている（小此木, 1988）。
　遺伝や脳の問題も影響していると考えられていて，薬物療法を中心に個人・集団精神療法，作業療法，レクリエーション療法といった治療が行なわれている。作業能力や対人関係能力が低下してくるため，病前のレベルまでの復帰は

無理にしても，社会生活適応のためのリハビリとして行なわれている。

V 躁うつ病（感情障害）

1 症　状

　気分が落ち込む，憂うつ，焦るといった気持ちに誰しもなることがあると思われる。それが非常に強く，夜眠ることができなくなったり，仕事にとりかかる意欲がなかったり，身体がだるいといった症状が一定期間続く場合，うつ状態と予測される。「躁うつ病」をアメリカ精神医学界の精神疾患の分類と診断の手引きであるDSM-IVでは「感情障害」というが，躁状態とうつ状態が交互に現れるものをさす。一方，躁状態は現れずうつ状態のみが現れる状態をうつ病という。具体的な症状としては，躁状態の時は，気分や意欲が高揚し行動や表現が誇張されて誇大的になり，抑制のきかない状態になる。活動が激しくなったり，いろんな人に声をかけたり自分のことをまくしたてるなどして，周りがふりまわされて，その対応に苦慮する。また，睡眠をあまりとらず，注意散漫になる。いろんな物を買ってきて金銭に困ったり，性欲も強くなったりといった症状や行動がみられる。

　うつ病は以下に述べるように，身体症状と精神症状の両方が現れる。

　身体症状としては，①睡眠障害——床に入ってもなかなか寝つけない。また，夜中あるいは早朝眼がさめてまた寝ることができず，睡眠不足である。②全身の倦怠感——体がだるく思うように動けない，③食欲低下，④体重減少が起こる，⑤性欲低下，⑥自律神経障害——頭痛，口渇，腹痛，便通異常，冷え性といった症状もみられる。

　精神神症状としては，①抑うつ気分——憂うつでおもしろくない，何も興味がもてない，気持ちが落ち込むといった気分状態である。②不安，焦燥——将来の不安や病気の不安，仕事を休むことで退職させられるのではといった不安や焦燥感がみられる。③罪悪感——うつ病者には「くよくよするな，がんばればよくなる」といった励ましは禁句とよくいわれているが，それは，「こんな

に周りの人がよくしてくれるのに，がんばることができない」ために，罪悪感がひどくなったり，自尊心がますます低下するためである。この罪悪感がひどくなると「こんな駄目な自分は生きていても仕方がない」と死にたい気持ちが強くなって，自殺を企図したり，最悪の場合，それを遂げてしまうこともある。

うつ病が精神病状態ほど重くなく，近年，軽症化して周りの人でも気づかない人が増えていると，笠原（1996）は述べている。仮面うつ病として，身体症状は顕著に現れるが，精神症状が不明瞭な状態のうつ病もみられる。

2 性格特徴

このような病気になりやすい性格特徴として，完全主義で仕事熱心，几帳面，他者への配慮はあるが表層的なつきあいであり，物事や組織の秩序を重んじやすいといったものがあげられる。そのため，社会階層での自分の位置づけや他者評価のみで自己を規定し自己像を形成しているため，内面が未熟な人が多いと考えられている。中高年に多いとされているが，発病のきっかけとしては，職場の配置がえや転勤，また家族においては転居，子どもの自立や肉親の死といった，情緒的，対社会的な環境の予想できない変化によるものが多い。

3 治 療

うつ病はその原因が心因か身体の病気によるものか明確にはできないために，内因性といわれるが，薬物療法と休養，精神療法で治療する。重症の場合，入院治療が必要であるが，軽症の場合，早くて数カ月の通院と休養のみで軽快する（笠原，1996）。

VI 境界人格障害

1 症 状

境界人格障害の「境界」とは，本来神経症と精神病との境界にあり，そのどちらにも属しがたい病気といった意味から用いられてきた。DSM-IVによる

と，境界人格障害とは人格障害の一型であり，人格障害とは社会的，文化的規準から，認知や感情，対人関係，衝動の制御といったものに極端な偏りがあり，それらが長期間にわたり持続しているものと定義されている。その中で，境界人格障害は，対人関係や自己像が不安定であり，激しい衝動により，浪費，性行為，物質乱用，無謀な運転，むちゃ食い，といった行為を（2つ以上）行なうものとされている。また，自殺企図や自傷行為を頻繁に行なうこともあり，情緒が不安定で内的には深い空虚感を抱えているといった問題がみられる。対人関係においては，理想化と価値下げといい，相手に尊敬心や好意的感情をいだき，理想化しながら，思い通りに行かないことがあったり気分が不安定になったりすると，いつのまにかその人の悪口をいったり，非難や中傷をし，こきおろすなど，非常に不安定で変化が激しい。また人との別れやその人の存在の喪失には耐えがたく，見捨てられることを避けるために，「自殺する」といった脅しをして相手を引き止めようとしたり，個人的な関係が深まらないように多くの異性関係をもつといったこともみられる。

　この見捨てられ感情は，①抑うつ，②怒りと憤怒，③恐れ，④罪責感，⑤受動性と孤立無援，⑥空しさと空虚感の6つからなるとマスターソン（1982）は述べている。さらに，この感情は幼児期にまでさかのぼる感情と考えられている。

2　幼児期の母親からの分離の問題

　マーラー（Marler, M. S.）ら（1981）は乳幼児の発達過程を研究し，親からの分離—個体化過程の理論を構築したが，その過程の中の「再接近期」には，幼児は母から分離しながらも母親にまた近づくことで愛情ややすらぎをもらい，再び自分の世界を構築して発達するために遊び，食べ，動き，考え，話すとされている。しかし，この病気の患者の場合，発達の方に進むと，母親は愛情や励ましを示さず，幼児が退行的にすがりついてくるときのみ愛情を示し，自立や発達を阻害する。そのため，患者は自立すると見捨てられるといった不安から抑うつ的感情をいだくようになる（皆川，1982）。母親が，幼児が自分から自

立しないように，自分の分身でいるような操作を行ない，共生的な関係をつづけてしまう。

実際，境界人格障害の患者に心理療法を行なっていると，自分の世界がなく，母親と共生的に密着し，母親の気持ちと自分の気持ちの区別ができず，自分がないという空虚感や，母親への葛藤，自立することの罪悪感を抱えていることが理解される。

3 治療と予後

この病気は青年期に好発しやすい。それは，精神分裂病のところでも述べたように大人への急激な発達を遂げようとする時期に，内的にはさまざまな欲求や衝動が強くなるためであり，さらに，それらに対する防衛方法を獲得していない脆弱な自我状態の場合，アイデンティティが拡散し不安定になるためである。また，乳幼児期に精神状態がさかのぼり，幼児的な心的側面が強まるために，激しい衝動や見捨てられ感情といったものが生じてくると考えられる。

治療は精神療法と投薬でなされるが，医者やカウンセラーとの安定した関係がもちにくく，自殺企図をはじめとした衝動の暴発に治療関係が大きく動かされる。しかし，30代後半から40代になると，職業や結婚生活を通じて，そのような不安定さが落ち着いてくる場合もある，といわれている。

引用文献
（1） 池田由子　虐待されるこどもたち　一番ヶ瀬康子・長谷川重夫・吉沢英子（編）別冊発達12　子どもの権利条約と児童の福祉　1992　Pp. 94-99。
（2） ウォーカー，L. E.（斎藤学監訳　穂積由利子訳）バタードウーマン　金剛出版　1997。
（3） 小此木啓吾　精神分裂病　小此木啓吾・深津千賀子・大野裕（編）精神医学ハンドブック　創元社　1988。
（4） 笠原嘉　軽症うつ病　講談社現代新書　1996。
（5） 菅原ますみ・北村俊則・戸田まり・島悟・佐藤達哉・向井隆代　子どもの問題行動の発達：externalizing な問題傾向に関する生後11年間の縦断研究から　発達心理学研究, Vol. 10, No. 1　1999　Pp. 32-45。

(6) 高橋俊彦　精神分裂病　高橋俊彦・近藤三男　大学生のための精神医学　岩崎学術出版社　1998。
(7) 中村正　続・ドメスティック・バイオレンス加害者治療の試み　特集　バタラー：暴力嗜癖者の治療　アディクションと家族 Vol. 19　家族機能研究所　2002　Pp. 195-204。
(8) 波田あい子　夫婦間暴力と共依存　宮本忠雄・山下格・風祭元　こころの科学　59号　日本評論社　1995　Pp. 33-38。
(9) 米国精神医学界　（高橋三郎・大野裕・染矢俊幸訳）DSM-IV　精神疾患の分類と診断の手引きの精神障害の診断統計マニュアル　医学書院　1995。
(10)　前田重治　図説　臨床精神分析学　誠信書房　1985　P. 45。
(11)　マスターソン, J. F.（成田善弘・笠原嘉訳）見捨てられ感情　山中康裕・森省二　境界例の精神病理　1982　Pp. 72-90。
(12)　マーラー, M. S., パイン, F., バーグマン, A.（高橋雅士・織田正美・浜畑紀訳）乳幼児の心理的誕生　黎明書房　1981。
(13)　皆川邦直　発達論からみた境界例の病理　山中康裕・森省二　境界例の精神病理　1982　Pp. 97-110。
(14)　吉葉研司　乳幼児虐待　日本子どもを守る会（編）子ども白書　1998　Pp. 279-283。
(15)　Walker, L. E. The Battered Woman Harper & Row, N. Y. 1979.〔波田訳（1995），斎藤監訳（1997）による〕

（浴野　雅子・平山　諭）

第7章　こころの問題Ⅱ

> コラム

酒場に集まる人，ヒト，ひと

　色鮮やかなカクテル，興味津々なるビールのような発泡酒など生活空間に溢れているプチ酒が目につく。新人類と呼ばれている人たち向きの新感覚嗜好の酒なのであろうが，ここ数年，飲酒人口の減少と若者の酒場離れが増加しているらしい。

　酒は人と人とを親密に結びつけることから酒宴や酒席があるのだが，宇宙旅行時代の現代人には「そんな悠長な時間はない」といわれそうである。ゆっくりと酒を飲む，隣人と語り合う酒場も，そう遠くない未来には歴史の片隅に埋もれてしまうのかも知れない。

　しかしながら，そんな社会の風潮にはお構いなしに，今夜も酒場には酒好きの人々が集うのである。現実と非現実が交錯する空間で，酒が引き起こす予測不可能な効果（？）を最大限に利用する人たちは，多様な酔っぱらいへと変身するのである。

　実際に酔った人の中には思いの外の効果が現れるようで，普段から発想の豊かな人は飛躍的な発想をするし，無口な人は饒舌になったりもする。仕草や癖，また，飲み方を巧みに自己主張に滑り込ませてイメージの世界でたゆたふ空想家もいるし，やたらと論理的になる人もいる。論理的な酔っぱらいほど扱いにくいことこの上なく，「だから酔っぱらいは嫌いだ」と言われる理由はここに極まる。酒の上の話などと油断などしようものなら，検事に睨まれた「カエル」のように「論理」に締めあげられてしまうのである。また，カウンターで背中を丸め一人黙々と飲む人はロールパンのようにも思えるし，一瞬の思考に戸惑っている人は奇妙なオブジェのようでもある。

　思うに，酒を飲むから人格や言動が変わるのではなく，普段は無意識に抑圧している自己能力が向上するのではないだろうか。たとえそれが錯覚や記憶の誤りによるものであったとしても，多様に変化する日常に押し流される意識の底で自己確立の方法を探し求めているかのように酒を飲む。

　数学者のように嘆く人，哲学者のように語るヒト，心理学者のように笑うひと。
　酒場に集う人たちは摩訶不思議な，風になびく葦のようである。

　『酒は精神の効率を上げる』　パトリックという学者がいっている。

（松岡　英通子）

第8章

軽度の発達障害

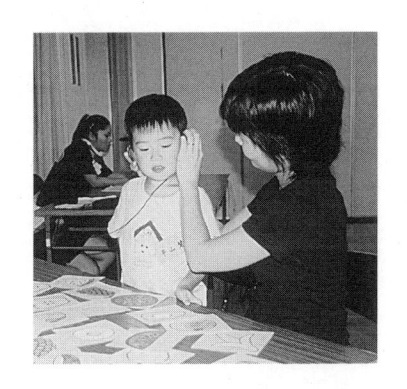

MDウォークマンを使い,聞いた音と,その音に関係する絵カードを一致させる課題に取り組んでいる男の子。

この章では，通常の子どもと障害のある子どもの中間にいるといわれる「軽度発達障害」の特徴と臨床の基本的方法を学習していく。軽度発達障害は，ただ「性格的なもの」だとか「しつけができていない」とか解釈され適切な対応が遅れることも多いが，脳のシナプスが比較的多い幼児期に発見することが，その予後を考える意味では望ましい。脳の使い方が偏ったユニークな行動や表現をすることも多く，また中には抜群の記憶力や絵画・音楽の能力をもつものもおり，必ずしも否定的・悲観的ばかりにとらえる必要もないことを付記しておきたい。

【キーワード】
・ADHD　・注意欠陥多動性障害　・高機能自閉症　・アスペルガー症候群　・LD　・学習障害　・広汎性発達障害　・前頭連合野

I　ADHD（注意欠陥多動性障害）

1　ADHDとは

　ADHDとは，Attention-Deficit／Hyperactivity Disorderの略で，わが国では「注意欠陥／多動性障害」と呼ぶ。注意，記憶，行動抑制，衝動などの問題をもち，タイプとして，不注意タイプ，多動性―衝動性タイプ，混合タイプに分ける。

　それぞれのタイプの各症状は次節に述べるが，出現率は3～7％程度，男女比で4：1から9：1と男子に多い。出現率を5％とすれば，40人程度のクラスでほぼ2人，各学年5クラスの小学校で約60人程度がADHDである。大人も含めれば，全国で700万人程度はADHDということになる。

　原因は約8～9割が遺伝といわれ，前頭連合野の機能不全が主に疑われている。これは，前頭連合野のニューロン間に神経伝達物質ドーパミンとノルアドレナリンがうまく伝達されず，そのために情報が神経ネットワークを走らないと推測される。神経伝達物質については第2章Ⅱ（43－47ページ）を参照されたい。

2　不注意タイプ

　不注意タイプは，アメリカの精神疾患の診断基準であるDSM-IV（ディーエスエム-フォー：1994）を参考とすれば，下記の9項目のうち，2つ以上の状況（たとえば学校と家庭）において，6項目以上が，少なくとも過去6カ月以上続いた場合をいう。いうまでもなく，その程度は不適応的で，該当する発達水準に相応しない。

　(1)　不注意なミスが多い
　(2)　注意を持続できないことが多い
　(3)　努力を嫌うことが多い
　(4)　聞いていないことが多い

(5) 指示に従えないことが多い
(6) やることを忘れることが多い
(7) 順序だてられないことが多い
(8) ものをなくすことが多い
(9) 注意をそらされることが多い

3 多動性 ― 衝動性タイプ

　下記のうち，多動性の項目は(1)~(6)を，衝動性の項目は(7)~(9)をそれぞれさす。多動性 ― 衝動性タイプはこの9項目のうち6項目以上が該当する場合をいい，その基準の考え方は不注意タイプと同じである。
(1) そわそわ・もじもじすることが多い
(2) 立ち歩くことが多い
(3) 走り回る（高い所に登る）ことが多い
(4) 静かに遊べないことが多い
(5) じっとしていないことが多い
(6) しゃべりすぎることが多い
(7) 出し抜けに答えることが多い
(8) 順番が待てないことが多い
(9) 会話やゲームに干渉して邪魔することが多い

Ⅱ　AS（高機能自閉症・アスペルガー症候群）

1　ASとは

　ASは，Asperger's Disorderの略で，通常アスペルガー障害もしくはアスペルガー症候群という。オーストリアの小児科医アスペルガー（Asperger, H.）が1944年に報告したある特徴をもつ子どもたちである。自閉症の1つで，知的能力やコミュニケーション能力には問題のないことから高機能自閉症と呼ばれる場合もある。この際の「高機能」とは知能指数75以上を指すので，必ずしもす

べてのケースが「高知能」というわけではない。

　DSM-IVでは，ASは自閉性障害とともに，広汎性発達障害（PDD：Pervasive Developmental Disorders）の中に入る。広汎性とは，コミュニケーション障害，認知障害，多動，協調運動障害などの広い範囲の障害をもつ，という意味である。ASを，ほぼ同じ意味で，高機能広汎性発達障害と呼ぶ場合もあるが，ASは広汎性といえるほどの広い障害を想定しない（たとえばコミュニケーション障害がないなど）事からその呼称に疑問視する声もある。ASの出現率は300人に1人といわれるが，実際にはもっと多いと思われる。原因は明確ではないが，前頭連合野や大脳辺縁系の扁桃体の機能不全が疑われている。

　通常ASは，3歳前後で自閉性障害と診断される場合や，10歳程度で症状が改善し，特定できない広汎性発達障害に変わる場合など，その障害像が連続して変化しやすい。そのため，ウィング（Wing, L.）は，自閉症スペクトラム障害という概念を提案している。「スペクトラム」とは，連続性という意味である。

　以下は，自閉性障害やASによくみられる症状である。スペクトラムという視点からまとめて提示しておきたい。このうち，ASと書いているものに注目して欲しい。特徴的な障害像がイメージされるであろう。

　自閉性障害は，下記の，社会性の障害，コミュニケーションの障害，想像力の障害，の3領域すべてにいくつかの問題をもつ。ASは，コミュニケーションの障害を除く社会性の障害と想像力の障害の領域にいくつかの問題をもつ。自閉性障害にしてもASにしても，社会性の障害，つまり自閉的孤立がメインの障害である。

　なお，ASには，コミュニケーションの問題はないといわれるが，実際には特有な話し方がみられる場合がほとんどである。また，ADHDとの関係であるが，アスペルガー症候群の6人に1人はADHDの明白な兆候を示すとされる。表8-1に，両者の特徴の類似点と相違点をまとめておく。

表8-1 アスペルガー症候群とADHDの相違点（平山，2003）

領域	アスペルガー症候群	ADHD
遊び	・遊び方がわからない ・他の子どもとの接触を避ける ・遊びの内容が他の同年齢の子と異なる ・遊びの範囲が限定的 ・勝ち負けの争いに興味はない	・遊び方はわかっている ・遊ぼうとする意欲はある ・遊びの内容は同年齢の子とほぼ同じ ・遊びの範囲は広い ・勝ち負けにこだわる
言語	・字義通りに受け取る「胸に手を当てて考える」「えりを正す」がわからない ・口調が不自然（外人風のアクセント） ・相手側に関心がないような話し方（突然文脈を切るなど） ・話し方が厳格・細かなことにこだわる ・生き字引のように細かく話す	── 左の特性はない ── 左の特性はない ── 左の特性はない ── 多少はある ── 左の特性はない
認知	・感情より知識に関心 ・ずば抜けた長期記憶がある ・想像遊び・ごっこ遊びが苦手 ・活動を完成させる意志が強い	── 多少はある ── 左の特性はほとんどない ── 左の特性はない ・活動が未完のままになりやすい
興味	・乗り物や地図，リーグ戦の順位表（ずば抜けた知識） ・変化に著しく嫌悪	── 左の特性はない ・変化には対応しにくい
その他	・動作のまとまりが悪い ・走るとき足の運びがぎこちない ・肌や髪の毛に触れるのが苦痛 ・予期せぬ騒音が苦痛 ・興奮したり，困難にぶつかるとフラッピングが起きたり，身体を揺する ・潔癖症が起こりやすい	── 多少はある ── 左の特性はない ── 左の特性はない ── 多少はある ── 左の特性はない ・潔癖症が起こる可能性もある

2 社会性（対人関係）の障害

(1) 親を求めない
(2) 目が合わない
(3) 接近したらどこかへ行ってしまう
(4) 双方向のやりとりができない
(5) 相手の気持ちが読めない
(6) 微笑み返しをしない

(7) 一人遊びばかり好む
(8) 泣き声を毛嫌いする（AS）
(9) 自分だけの理屈をもっている（AS）
(10) 相手にルールや約束を厳格に守らせる（AS）
(11) タイムスリップ現象（過去のいやな思いが今体験されているように蘇る）（AS）
(12) 人に笑われると過敏に嫌悪を示す（AS）

3　コミュニケーションの障害

(1) ことばの発達が遅れる
(2) おうむ返し
(3) 人称の逆使用
(4) 疑問文による要求
(5) 会話が困難
(6) 比喩や冗談がわからない（AS）
(7) 正確に言いすぎる（人の心を傷つけることば）（AS）
(8) しゃくし定規に話したり，必要以上に細かく話す（AS）

4　想像力（同一性保持）の障害

(1) こだわり行動
(2) フラッピング（手を組んだり，文字を書くようなしぐさをする）
(3) 順序への固執（道路の道順など）
(4) 強迫的な質問（質問攻めに合わせる）（AS）
(5) ファンタジー（独り言やニヤニヤ笑いなど，ひとりの世界に入る）（AS）
(6) 融通が利かない（AS）
(7) 限られた興味

表8-2　学習障害の実態把握の基準

A．特異な学習困難があること
　[1]　国語又は算数（数学）（以下「国語等」という。）の基礎的能力に著しい遅れがある。
　　現在及び過去の学習の記録等から，国語等の評価の観点の中に，著しい遅れを示すものが1以上あることを確認する。この場合，著しい遅れとは，児童生徒の学年に応じ1-2学年以上の遅れ（小2，3年の場合，1学年以上の遅れ。小4年以上又は中学の場合，2学年以上の遅れ）があることを言う。なお，国語等について標準的な学力検査の結果があれば，それにより確認する。
　　聞く，話す，読む，書く，計算する又は推論する能力のいずれかに著しい遅れがあることを，学業成績，日頃の授業態度，提出作品，ノートの記述，保護者から聞いた生活の状況等，その判断の根拠となった資料等により確認する。

　[2]　全般的な知的発達に遅れがない
　　知能検査等で全般的な知的発達の遅れがないこと，あるいは現在及び過去の学習の記録から，国語，算数（数学），理科，社会，生活（小1及び小2），外国語（中学）の教科の評価の観点で，学年相当の普通程度の能力を示すものが1以上あることを確認する。

B．他の障害や環境的な要因が直接の原因ではないこと
　　児童生徒の記録を検討し，学習困難が特殊教育の対象となる障害によるものではないこと，あるいは明らかに環境的な要因によるものではないことを確認する。ただし，他の障害や環境的な要因による場合であっても，学習障害の判断基準に重複して該当する場合もあることに留意する。重複していると思われる場合は，その障害や環境等の状況などの資料により確認する。

（出所）　文部省「学習障害及びこれに類似する学習上の困難を有する児童生徒の指導方法に関する調査研究協力者会議」報告書，平成11年7月。

Ⅲ　LD（学習障害）

1　LDとは

　LDとは，Learning Disabilitiesの略称である。1999（平成11）年7月，文部省（現文部科学省）は学習障害を以下のように定義した。「基本的には全般的な知的発達に遅れはないが，聞く，話す，読む，書く，計算する又は推論する能力のうち特定のものの習得と使用に著しい困難を示す様々な状態を指すものである。学習障害は，その原因として，中枢神経系になんらかの機能障害があると推定されるが，視覚障害，聴覚障害，知的障害，情緒障害などの障害や，環境的な要因が直接の原因となるものではない。」
　なお，学習障害の実態把握の基準として，同省は，表8-2のような項目を

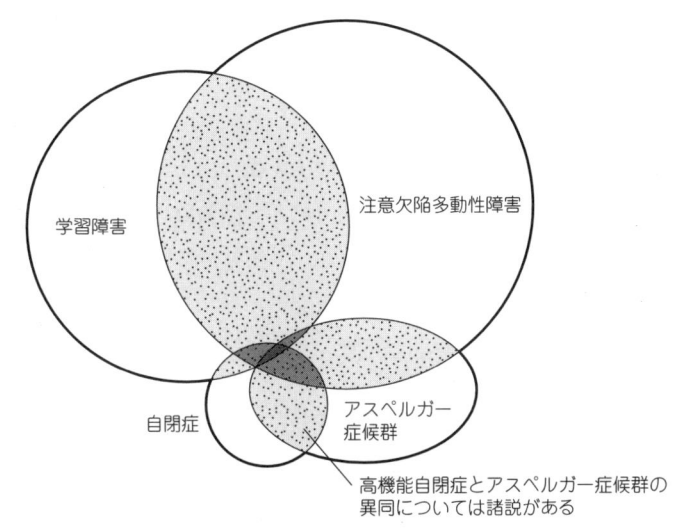

図8-1 学習障害の発達障害のなかでの位置づけ
(出所) 榊原 (2002), 163ページ。

（図中のラベル：学習障害、注意欠陥多動性障害、自閉症、アスペルガー症候群、高機能自閉症とアスペルガー症候群の異同については諸説がある）

あげている。

　LDは，言語性LDと非言語性LDに分類する場合がある。前者は，読み・書き・計算といった学力の問題や聞く・話すといったことばの問題をもつタイプであり，後者は，視知覚・聴知覚・体性知覚などの知覚機能の問題や微細運動・粗大運動の不器用さの問題，さらに対人関係の問題などをもつタイプである。一般に，LDの子どもたちは，全般的（総合的）知能は，正常範囲（IQ75程度以上）にあるが，言語性知能（VIQ）と非言語性知能（動作性知能）（PIQ）の間に大きな差があり，VIQがPIQより30％以上低い場合を言語性LDといい，逆にPIQがVIQより30％以上低い場合を非言語性LDという。

　ただ，非言語性LDについては，杉山（2000）も指摘するように，自閉性障害やアスペルガー症候群などの広汎性発達障害と診断できる場合も多く，その使用には慎重でありたい。もちろん，LDは，広汎性発達障害や注意欠陥多動性障害と重複している場合があり，その概念図はおよそ図8-1（榊原，2002）

のようになる。

　LDの概念自体やその診断基準は，いまだ研究者や学問的領域で一定せず不安定であるが，大まかにいえば，DSM-IVに代表される医学的概念では，読字障害，算数障害，書字表出障害の学力障害を指し，上野一彦氏に代表される教育—心理学的概念では，学力障害，ことばと会話の障害，発達性協調運動障害（不器用さ；視空間知覚の問題を伴う），注意力の障害，社会性の障害を指す。もちろん，いずれの概念にしても，上記のすべての障害があるわけではなく，主な障害が1つあればよい。以下は，文部科学省の定義にそって，基本症状（例）をあげておきたい。

2　症　状
(1)　聞く
　①聞いている内容を理解できない
　②注意散漫で聞いていられない
(2)　話す
　①3歳未満でことばの発達の遅れがあることが多い
　②特定の語音を習慣的に誤って構音する（「たまねぎ」を「たまげげ」など）
　③単語や文を聞いて書き取ることが難しい場合がある
　④助詞の使い方を間違う（「でんしゃをのった」など）
(3)　読む
　①似たような文字を読み間違う（「わ」と「れ」など）
　②行がとんだり，重複して読んだり，どこを読んでいるのかわからなくなることがある
　③句読点で適切に切って読めず，意味がわからなくなってしまう
　④ただ文を読んでいるだけで，内容が理解できない場合がある
(4)　書く
　①文字に左右や上下が反転した鏡文字がある

②漢字の誤字が多い

③文字や文を見て書く視写や聞いて書く聴写が苦手である

④「へ」と「え」,「は」と「わ」を書き間違う

⑤「お手紙」を「お紙手」と書くなど,文字の順番を間違う

⑥文の中の文字が抜ける

⑦作文が苦手である

(5) 計算する

① 左から右への,あるいは上から下への(筆算)計算が苦手である

② 繰り上がり,繰り下がりのある計算が苦手である

③ 文章題の意味がわからず勝手な計算をしてしまう

(6) 推論する

①次に何が起こるかの見通しが苦手である

②国語や算数(数学)の問題で問われている意味が理解できない

Ⅳ 臨床の方法

1 基本的な考え方

　ADHD,アスペルガー症候群,LDといった軽度発達障害は,すべて脳機能の問題を原因としている。脳の主な部位を指摘するならば,対人関係,行動抑制,集中力,ワーキングメモリ(作業記憶)は前頭葉機能の問題,ことばの理解や出力,聴覚的認知は側頭葉機能の問題,視覚的認知は後頭葉機能の問題,協調運動障害は頭頂葉機能の問題である。それゆえ,臨床の根本的考え方は,機能不全に陥っている脳を活性化することにある。活性化とは,環境をコントロールすることにより,脳の神経ネットワーク(ニューロン間のシナプス)を増やすこと,さらに,そのネットワークに神経伝達物質が適量流れるようにすることである。

　いうまでもなく,子どもの年齢には2種類がある。生活年齢と発達年齢である。発達年齢とは,課題の達成年齢といいかえてもよく,ある課題ができる年

表 8-3　子どもへの対応

(1) **LD**（Learning Disorders あるいは Learning Disabilities）**学習障害**
　①不必要な刺激を減らす。
　②必要な刺激は強調する。
　③個別的なかかわりを増やす。
　④ピグマリオン効果を使う。
　⑤大切なことは複数回伝える。
　⑥ことばだけではなく視覚的に伝える。
　⑦右・左の概念をつくる。

(2) **AD/HD**（Attention-Deficit/Hyperactivity Disorder）**注意欠陥／多動性障害**
　①説教や注意はあまり意味がない。
　②症状を問題と捉えるだけでなく特徴として捉える。
　③しつけや親子関係が原因だとして，親の心を追いつめないようにする。
　④子どもにできないことを要求して追いつめないようにする。
　⑤情報は視覚的に構造化して与える。
　⑥突然の変化は起こさない。
　⑦刺激対策は LD に同じ。
　⑧うれしい・楽しい生活を送る。
　⑨得意領域を伸ばす。

(3) **アスペルガー障害**（Asperger's Disorder）
　①突然の変化を起こさない。
　②思い込みを早く変えてあげる。
　③会話技術をトレーニングする。
　④常同行動や反復行動が起きたら早めに次の課題の指示をだす。
　⑤特異な才能（記憶力・計算力）があれば，それを活用する。
　⑥集団活動には限界がある（1 対 1 の対応が基本）。

（出所）　平山（2001），56-57ページ。

齢を意味する。軽度発達障害児において，この発達年齢にそった環境づくりが大切であり，その意味では，基本的対応は「個別援助」になる。簡単にいえば，通常クラスのクラスメイトと同じことができない課題の領域があり，その領域は，通級指導教室（ことばの教室や情緒の教室）や授業以外での個別指導で対応していく。大まかな対応は表 8-3 のようになる。

2　二次的な問題への対応

　軽度発達障害児は，できないこと（課題）を執拗に要求したり，プライドを傷つけたり，極端な合理性を求めたり，児童虐待をしたりすると，容易に不安

傾向に陥ったり，行為障害などの人への迷惑行為が出現しやすい。以下のような現象が現れたら，それ以上子どもの心を追いつめたりせず，発達的に引き返す（低い年齢に退行させる）ことが肝要である。

(1) 口をたてに開けて笑わない
(2) 目元にやさしい表情がない
(3) 運動性・音声のチックが起きる（口をゆがめるなど）
(4) 爪かみ・爪のかみきりがみられる
(5) 髪の毛を抜くとか眉毛を抜く
(6) 髪の毛やホコリが極端に気になる
(7) 動物を虐待する
(8) 独り言が多い
(9) 眠る際になにかの儀式をする
(10) 他人に対する攻撃やちょっかいが目立つ
(11) 嘘が多い
(12) 何度も手を洗ったり歯磨きをしたりする
(13) 不登校・引きこもり中である

引用文献

（1） 杉山登志郎・斎藤久子（監修）学習障害—発達的・精神医学的・教育的アプローチ—　ブレーン出版　2000　P. 48。

参考文献

（1） APA（高橋三郎・大野裕・染谷俊幸訳）DSM-IV 精神疾患の分類と診断の手引き　医学書院　1995。
（2） 榊原洋一　アスペルガー症候群と学習障害　講談社＋α新書　2002。
（3） 斎藤久子（監修）学習障害—発達的・精神医学的・教育的アプローチ—　ブレーン出版　2000。
（4） 平山諭　ADHD児を救う愛の環境コントロール　ブレーン出版　2001。
（5） 平山諭他（編著）教科別にみる学習障害児の指導—基礎から高校進学まで—　福村出版　2000。

（7）　内山登紀夫他（編著）高機能自閉症・アスペルガー症候群入門　中央法規出版　2002。
（8）　杉山登志郎・辻井正次（編著）高機能広汎性発達障害　ブレーン出版　1999。

（平山　諭）

> コラム

少女の通過儀礼を映し出す映像

「雲や星の彼方を見たいと思いませんか。なぜ樹木は育つのか。なぜ夜が朝になるのか」

こう問いかけるのは，あの著名な怪物を生み出したフランケンシュタイン博士だ。そして，この「フランケンシュタイン」の映画を観るところから，少女アナの物語「ミツバチのささやき」は始まる。

六歳の少女アナは，九歳の姉イザベルとともにスクリーンを見つめ，姉に問う。
「なぜ怪物はあの子を殺したの？ なぜ怪物も殺されたの？」
しかしすでに，映像の世界は人間の想像物であることを知っている姉は真顔で答える。
「怪物は本当は生きていて，村のはずれに今も隠れ住んでいる精霊なのよ」と。

姉の話を信じ込み，精霊との出会いを求めるアナ。彼女は，村はずれにある廃屋を一人訪れ，そこで負傷した兵士と出会う。実在と物語，日常と聖域，生と死，自己と他者，そうした事物の境界を漂い，見えないものを見ようとするアナの魂の軌跡が，陰影に富んだ静かな映像に刻まれている。静謐なたたずまいが美しいエリセ監督の世界だ。

「七歳までは神のうち」という諺がある。

かつて子どもは，神により近い存在，この世に在りながらこの世の者ではない存在とされていた。日本の伝統行事や儀式にも，子どもが神と人とを媒介する役割を果たすものや，さまざまな「七つのお祝い」がある。七歳は異界との境界をなす節目として重要だったのだ。

そして，アナも数え年七歳。現実と幻想が交錯する中，死という取り返しのつかない現象があることを知り，家族を拒絶し，夜の闇に逃れていく。

人間の知覚によっては推し量れない不思議さを神秘と呼ぶのなら，アナの体験は十分に神秘的だ。しかし，そこには五感から得るイメージの世界から，言語の世界へと移行しなければならない人間の痛みがある。子どもが自意識を形成する際に通過しなければならない体験には，なんという苦痛が伴うことか。

だが，少女は青い月明かりの下，一人バルコニーに立ち，「私はアナよ」とささやく声の中，自力で存在しようとする。やがては姉のように軽々と焚火の上を跳躍し，彼女自身の言葉を紡ぎ出していくのだろう。そうあってほしい。

映画には祈りがこめられる。

『みつばちのささやき』（1973・スペイン　監督：ヴィクトル・エリセ）

(天野　珠路)

第9章

幼稚園・保育所での相談活動に何が必要か

中世の聖母子像。母の腕の中で戯れながら，目と目はしっかり見つめ合っている。母子の豊かな表情から強い絆が感じられる絵である。いかに時代が移り変わろうとも，母子の存在はある。母と子がゆったりと見つめ合い，おおらかに語り合える環境の提供を目指して，相談活動も展開されるのであろう。

近年，育児不安・育児困難や虐待など親側の問題をはじめ，神経症的発症，発達障害（ADHD，自閉性障害，LDなど）といった幼稚園・保育所でも扱わなければならない問題は多岐に亘るようになってきており，保育や教育に携わるもの（以下担当者とする）の負担が著しく増加している。乳幼児期の場合，本人への心理的援助ももちろん必要であるが，家庭環境の影響も大きいため，保護者へのアプローチもさらに重要になる。ところが，幼稚園や保育所では，小学校や中学校には導入されつつあるスクールカウンセラーや養護教諭のような特殊な人材は望めず，現段階では，担当者の技量によるところが大きい。求められている技術のひとつには，カウンセリングのそれも含まれていると思われる。適切に対処できる保育の専門家の存在によって，子どもも親も安心できるのではないだろうか。

　この章では，そのような立場にある担当者が，特に保護者との相談活動を行なうにあたっての基本を提供する。

　人間が社会で生きていくための基盤は，すでに乳幼児期から形成され始める。対人コミュニケーションの芽，人格形成の基礎である「こころ」の発達に主眼を置いた相談活動が展開されることが望まれる。

（　キーワード　）
・ジェノグラム　・アセスメント　・育児不安
・育児困難

I 何のための相談活動か
―― 意義と役割 ――

　まず，相談活動に何が必要かを述べる。事前に，相談する側とされる側二者間の信頼関係が前提である。それが相談活動の成否を左右させるといっても過言ではない。次に，医療や専門家といかに連携するかである。これは幼稚園・保育所での相談活動のシステムづくりに他ならない。

　子どもの個性はさまざまである。活発に外で遊ぶのが大好きで，友だちもたくさんいる子どもから，部屋の中で絵本を読んだり，ひとり遊びが好きな子どもまでいる。問題となるのは，その子どもの言動が担当者によって「個性」を超えたものと受け止められる場合である。それは，「ちょっと心配」，「気がかりだ」という感じである。この段階で問題を整理して，臨床心理学でいうアセスメント（査定）をして今後の方針を立てることになる。子どもの心身の発達に大きく関わる保育者にとって，相談活動の重要性について，改めて認識する場でもある。どんな点を留意してアセスメントにあたれば，その後の保護者との関係，子どもとの関わりがスムーズにいくかを述べよう。

1　相談活動を始める前に

　子どもに関わる仕事をしている人たちが子どもをよく観察していることはいうまでもない。以前，小学校の先生たちにクラスの「気になる子」をピックアップしてもらい，5段階評価（1気にならない〜5非常に気になるまで）してもらったことがあった。4〜5点の子どもに発達上の問題や性格上の問題を抱えていることが多く，改めて先生たちの観察眼を認識した。大勢の中で子どもをみていると，行動や性格の偏りはより目立つ。しかし，「気がかりだ，心配だ」といってすぐに保護者を呼んで相談活動に入るのは，問題を無闇に大きくする危険をはらんでいる。

(1) 何が問題となっているのか —— 現場でのアセスメント

　担当者の観察眼は非常に的確である一方,「気がかりだ,心配だ」という反応は,漠然で主観的だったりする。そこでこの「気がかり」「心配」とされている部分を次にはどう客観的にとらえるかが必要となる。本書の他の章で子どもの発達について学んだ知識を出発点として考えを進めることを提言したい。ある年齢で達成しているであろう発達課題や心の成長からどのくらいのズレが起こっているのかを適切にとらえることができれば,少なくとも「漠然とした」「主観的」な世界ではなくなる。知識を応用するための素材はありのままの姿でなければならないからである。そのためには,行動観察を詳細にしていただきたい。観察こそアセスメントの基本である。特に問題とされる行動がある場合には,その前後の経過を含んだスパンを取り出し,その場面に関与する自分の存在をも冷静に描写する。そのあとで,自分すなわち担当者一人でなく他の多くの人の違う目ではどうとらえられているかを取材するよう心がけたい。

　ある問題行動の子どもを抱えた場合,それだけで担当者がパニックとなってしまい,あらゆることが問題として見えてしまうこともある。ここで他者の観察,意見などを聞いて,一息つくことも余裕をつくることとなるであろう。実際誰にとっての問題かということさえわかる場合がある。活動が活発な子どもなど,規律を重んじる担当者にとってはおおごとであるが,枠をあまり気にしない担当者にとっては取るに足らないと映るかもしれない。可能であれば,幼稚園,保育所の中で,「気にかかる子」の対応を話し合えるようなチームを日頃から作っておくのもいいであろう。

　また,第4章でもいくつかの心理検査が紹介されているが,そのような検査を用いることも客観性にとって有効である。乳幼児期の場合,簡単に行なえる発達検査などを常に用意しておくのもよい。たとえば,遠城寺式・乳幼児分析的発達検査表や乳幼児の行動チェックリストなどが標準的である。ただし,保育者は医者である必要はないので,これらのテストを,厳密な診断のものではなく,あくまでも保育の専門家として,問題を客観的にとらえるためのものと考えてほしい。

このような手順で「気がかり，心配」が，客観的にみても問題となっているかがはっきりしてくるはずである。一般的に相談活動が要請される場合は，大きく分けて，次の通りである。

・子どもの発達・行動上の特性（その子の生来的なものが大きい）が明らかに他の子どもに比べて著しく偏っている場合
・心理的な要因によるであろう問題（環境的，特に母子関係や家族情況が大きい）が日常保育の中で頻繁にみられ対応に苦慮する場合

(2) 子どもの健康的な部分を探す

子どもというものは，元来ことばの発達が未熟であるために，特に乳幼児期の場合では，ことばの代わりとして，身体症状や神経症的発症あるいは行動異常として，その障害が現れることがしばしばである。見方をかえれば，非言語性のサインは周りの大人たちへ発している信号だと解釈することができ，適応的で合目的的な行動といえるかもしれない。そのことは十分に考慮しておく必要がある。問題が生じると，その子どもの全生活が不健康にあるいは問題ありととらえがちになるので，そのためにも担当者は，ぜひその子どもの健康的な部分を意識的に探してほしい。いかに不健康にみえる子どもでも健康的な部分はある。それは日々発達を遂げていることでもある。この健康的で適応的な部分を拡大させていくことが，後述するように相談活動の中では必ず活かされるはずである。

2 保護者への配慮

(1) 保護者の立場を考えること

最近では，働く母親が増加し，離婚・再婚によるシングルマザーや複合家庭も登場している。家庭では両親がともに多忙すぎて，子育てに必要な心のゆとりをもてない状況もあるであろう。多様な価値観に彩られた社会では，保育所に子どもを預ける理由についてもその家庭家庭でさまざまであろう。子どもの問題を親の養育態度や家庭の問題であると安易に決めてかかることがあってはならない。

よく担当者から相談を受けるのは、「子どものことを話そうと思うのだが、当の保護者の側に全く問題意識が感じられない。いったいどのようにしたらいいだろうか」というものである。また、「子育てや子どもの発達に関する講演などを勧めても、ぜひ参加してほしいお母さんたちに限って来てくれない」と。著者自身も1歳6カ月や3歳児での健診の精神発達や心理面の情報収集を担当する中で、何らかの疑問を抱いて母親に日常生活での様子を聞こうとするも全くとりあおうとしないという経験がある。担当者の困惑についてはよくわかる。しかし、母親たちの問題意識が全くないかといえば、そうではないと考えておいた方がよいであろう。

　子どもと1対1で接触しているときは、これでいいのかなと不安を抱きながら過ごしてきた母親でも、集団生活になれば、他の子どもたちとの比較は十分できるものである。また、自分の子どもと他の子どもとの相違を見つけているからこそ、そのことを他者からはいわれたくないという思いがあるのかもしれない。母親たちが最も恐れるのは、「発達に問題がある」ことではなく「発達に問題があると（他人に）といわれる」ことなのである。どの親も子どもには、「普通」に成長してもらいたいと願っており、問題を直視したくないという気持ちもあることを考えれば、このような否認があって当然なのである。

　(2) 信頼関係を確保すること

　ここで相談活動を、何のためにするのかをもう一度考えてみる必要がある。問題点を保護者に指摘し、医療機関への受診を勧めるだけでは、保護者を闇雲に傷つけるだけで何の解決にもならない。問題をかえって複雑にすることすらある。子どもがより良く適応でき、少しでも生活しやすくするための工夫を保護者と考える機会をつくることこそが相談活動だととらえていただきたい。相談活動の中で、保護者と担当者の信頼関係を作っていくのが、現場では最も重要なことである。

　そのためには、親のもつ不安を受け入れながら、子どもの成長を一緒に考えるという態度が最も大切である。いきなり問題点を指摘するよりも、親が相談に乗れそうな事柄からまずはアプローチすることが却って近道となる。たとえ

ば，食事や睡眠の問題や健康状態のことに関しては，「健康に育ってほしい」と願う母親ならだれでも少なからず心配しているので，相談活動に入りやすい。問題点に触れる前に，まずは母親から，できている点（発達を遂げている事項），つまり，子どもの健康な側面について詳細に聞き出すという準備段階を置くことが必要であろう。

II 関わりをもつための面接
—— 相談活動の実際 ——

　カウンセリングは，子どもや家族に動機付けがあって始まる場合が通常である。しかしながら，自主的に援助やアセスメントを求められるわけではない幼稚園，保育所，学校現場などでは，かならずしもそういう場合ばかりではない。先にも述べたように保護者に問題意識が全くないように見えたり，あるいは非協力的な場合は，相談に乗せることだけでも一苦労かもしれない。カウンセリングは臨床心理士など専門家が行なうのが一般的ではあるが，ここでは担当者が日常業務の中で行なう相談活動であることを念頭に置き，保護者との初回相談での留意点・その基本的態度を中心に話を進める。これも今後の方針を立てるためのアセスメントの一環ととらえていただきたい。

1 相談の枠組み
　保護者を呼んで，子どもについての相談を開始するにあたり，次の点を確認しておく必要がある。
　(1) 相談を受ける人材
　　　施設長である園長も含めた方がよい場合もあり，子どもの担任，いるのであれば看護師や臨床心理士など。
　(2) 相談の対象者
　　　誰に来てもらうのか。両親か。母親のみか。あるいは主な養育をしている人物なのかを決めておく。

(3) 相談場所

　　面接室がある場合はそこになるが，保育所，幼稚園で面接室がない場合は，一定時間人の出入りのない静かな部屋が望ましい。立ち話程度の面談が多くなりがちな現場では，ゆったりリラックスして話せる環境をつくることも必要であろう。園にくることが難しい場合は家庭訪問という形になるかもしれない。この場合は子どもがどのような環境にいるのかも知ることができ，園で見ている子どもの様子と比較できるというメリットがある。

(4) 相談日時

　　相談対象者と先生がともにゆとりをもって話すことができるよう配慮して日にちを決め，少なくとも1時間の相談時間はとる。

2　園で気がかりなこと，心配されることを伝える段取り

　担当者が保護者に子どもについての気がかりなことを伝えるときには，勇気と決断を要するものだ。慎重に細心の注意を払い，ことばを選びながら行なっていることであろう。しかしながら，気ばかり遣い過ぎて肝心の伝えなければならないことが，うまく伝わっていなかったりすることがよくある。

(1) 誰が何を問題としているのか

　ここでは，なぜわざわざこのような場を設定したかの経緯について丁寧に伝える。この場合，担当者が子どものある行動を問題としていることを客観的に説明することになる。ここで，注意しなければいけないのは，決して保護者を責めないことである。「保育しにくい子ども」イコール「母親が悪い」という構図にならないようにしなければならない。子どもがより良く日常生活を送れるよう協力したいという気持ちで，客観的にとらえた行動観察を丁寧に具体的に伝えたい。園だけでの問題でもある可能性があると伝え，家庭ではどうなのかを聞きながら，「園での参考にしたいので，家庭での工夫を聞かせてほしい」というような話が，母親の立場を尊重するし，指示を仰ぐ姿勢を取る。また，直接関係がないと思われても保護者が子どもに対して心配している点，困っている点もぜひ聞くことである。この糸口から今の問題へと繋がることもあ

第9章 幼稚園・保育所での相談活動に何が必要か

図9-1 ジェノグラムの一例

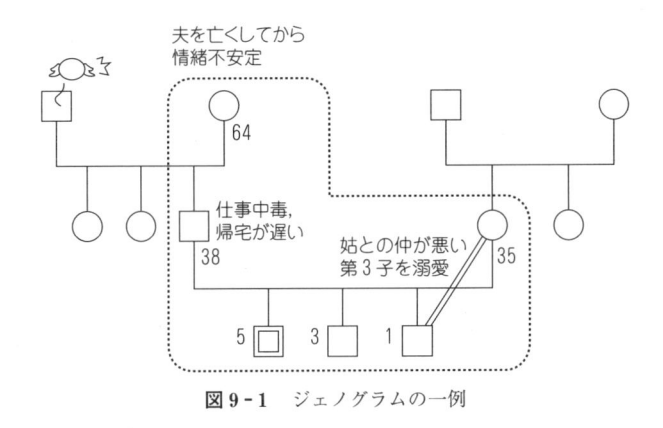

る。

(2) 経過を報告

担当者がみていて、「気がかり、心配」とされていることが、いつ頃からどのような様子で発生してきたのか。また、そのことがどのように変化してきているかを報告する。その現象について保護者が思い当たる原因・背景などがあるかどうかをたずねる。

3 情報の収集と整理

(1) 家族の情報・生育歴

子どもが育った環境がどのようなものかを知ることで、現在起きている問題を解く鍵になる場合もある。家族構成はどうか。主な養育者は誰なのか。ジェノグラム（家系図）を作成する。家系図（骨組み）に続けて、家族関係についての情報を付け加えていくと、整理をしやすい。また、その家族のイメージを容易につくることができる。たとえば、母親が姑との問題を抱えており、子どもに目が向いていないとか、父親は仕事が忙しく、いつも帰りが夜中であり、子どもは父親が帰宅する時刻まで起きており、そういうことから日常生活が崩れて、そのことが園での問題と因果関係を成していたなど、想像しただけでは浮上しなかったメカニズムをとらえることができることも十分ある（図9-1参

照)。

　次に生育暦であるが，子どもに発達の問題が疑われるような場合には，出産前後の様子やその後の身体的・精神的発達の様子などの情報が必要となる。特に歩き始めの時期と様子・ことばの出始めの時期と内容・トイレットトレーニングの状況，また母子関係において，愛着と密接に関わりがある人見知り・後追い・分離不安の有無，反抗期の存在やその様相・遊びの内容と対人関係などが重要な情報となる。

(2) 客観的な目

　相談者は，子どもについての保護者の話を聴きながらも，多くの面に注意を払うように心がけたい。これはノンバーバル（非言語）コミュニケーションといって，ことばだけではなくて，相手の表情，しぐさ，声の調子，服装などに子どもとの関係を示すメッセージが含まれていることがあるからである。たとえば，子どもの服装が汚れているにもかかわらず，母親はキチンとした服装をしているというのは，何か妙なものを感じていいだろう。このズレが何によるのかを見極めることは難しいとしても「おやっ」と気付くことは極めて大切である。

　また，保護者は何気なく子どもの日常生活の話をしているが，その話の内容は，意外と複雑なものである。カウンセリングでは，「明確化」というが，誰がそう思ったのか，誰の行動なのか，事実はどこにあるのか，感想なのか事実なのかを丁寧に区別していく作業が大事である。たとえば「この子はわがままで困ります」といった場合，本当にそうだと納得したり，また愚痴として聞き流すべきではない。園での「わがままにみえる」ことと，母親のいう「わがまま」は別のものを指しているかもしれない。何をわがままとしているのか，誰がそう思っているのかは明確ではない。日本語の場合，主語が省かれるため，お互い思い込みで対話が進んでしまう。こういう場合は「たとえばどういった点が」とか「誰がわがままと思っているのか」をひとつずつ確かめていくことによって，問題が整理されていくことが多い。

4　これからの方針を出す

　園での子どもの観察と保護者から聞き取った家庭での様子，また保護者の抱える悩みなどから，総合的に全体を把握し今後の方針を立てる。すなわち問題を見立てる。そのプロセスは大きく3つに分けられる。

① 子ども自身の発達上の問題が大きい（器質的，遺伝的問題）→専門機関への紹介
② 母親や養育者との関係性から生じた心理的問題が大きい（環境的問題）→専門家への依頼あるいは園での相談
③ 保護者の問題が大きい（母親の育児不安，育児困難など）→専門家への依頼あるいは園での相談

　①の場合，通常他機関での精密検査が必要となる。保護者もその問題を心配しており，同意が得られたら，医療施設や児童相談所へと紹介をすることになる。この場合の注意点としては，ただ保護者に受診を勧めるのみではなく，今後，園でどのような対応をしていけばよいかを相談する体制をつくる準備段階に今あると考えたい。そのためには，担当者から紹介先に向け園での観察記録などを作成し，保護者に持参してもらうこともよいであろう。また，受診したときには，医療機関に対して担当者のための情報交換の時間を設けてもらいたいことを伝えてもらうのがよい。たとえば，精神遅滞やADHD（注意欠陥多動性障害）や自閉症などの場合，子どもへの対応は，日常保育の中でのスモールステップ課題など園と家庭，紹介機関の連携が最も重要になる。

　②や③も母親にとって不安が大きい，あるいは症状が重篤な場合，他機関へ紹介するのがよいこともあるが，園でのカウンセリング的関わりだけでも十分功を奏することもある。

5　保育現場でのカウンセリング

　上述の他機関への紹介をした場合でもそれで子どもとの関わりが終わるわけではない。その子どもがより良く生活するためには，保護者と子どもへのより強力な支援が先生たちには必要になってくる。ここで，ケースを紹介する。

【事例】 Mくん（3歳）

　Mくんは保育所に通っている。担任から「ことばがまだ出ないので，コミュニケーションがとれない。他の子どもと関わることがなく，奇声を発してくるくる走っている。奇妙なことばの繰り返しやパニックをよく起こし，どのように扱っていいのかわからない。医療機関で診てもらってもいないようだ」と著者に相談があった。早速，園を訪問し，行動観察を行なった結果，確かに担任の説明したように，Mくんは他の子どもが先生の指示に従って集団で遊んでいる中，ひとり違う行動をしていた。発達の問題は明らかであった。園長と担任を交えてこれまでの経過・記録を検討し，保護者との面談をすることになった。子どもをお迎えにきている様子から，母親だけでは不安が大きいかもしれないという印象を抱いたため，ご両親に来てもらうことにした。

　面談するとご両親は，いつかことばは出てくるだろうと考えておられることがわかった。また，家でもパニックになること，こだわりが強いという実感をご両親とももっていた。そこで担任などはMくんへの対応に迷っていることを伝え，Mくんの成長を促すための工夫などを考えていきましょうと提案し，一度専門医からのアドバイスも聞くためにと，医療機関を紹介した。医療機関では，「自閉症傾向」ということであった。その後，担任・園長と医療機関の医師とで今後の話し合いが行なわれた。園では臨床心理士も含め，Mくんの発達をお母さんと協力しながら促していくためにはどのような対応が可能なのかを検討，担任の提案で，母親と担任の交換日記を始めることになった。できないこと・困ることを報告するのではなくて，Mくんの不安を軽減する工夫をお互いにみつけるためのものであった。その後1年。Mくんのパニックは減少し，担任とのコミュニケーションも少しずつ増えていった。

　この具体例ですでにおわかりになったことと思われるが，ここでの相談活動のポイントを以下にまとめる。

① 保護者へのサポート
② 子どもの発達促進を目的とした関わり
③ 関係機関との連絡
④ 園でのケース検討会

第9章 幼稚園・保育所での相談活動に何が必要か

Ⅲ 医療・こころの専門家との連携

　子どもが今より適応でき，よりよく成長するためには，その子どもをめぐる援助体制をつくることが最終目標となる。

　そのような方向性があってこそ，相談できる専門家や施設が初めて活用できることになる。担当者側の準備がなければ，いかに豊富な社会資源ですら，担当者の不安を軽減することにはならない。ぜひ子どもに関して相談や連携できる地域の機関をもっておく必要がある。以下に主な関連機関を示す。

　　　主な機関 ── 園の担当医
　　　　　　　　児童相談所
　　　　　　　　保健センター ── 育児相談などを担当している保健師
　　　　　　　　医療機関（専門の小児科，児童精神科，発達相談を行なっているところ）
　　　　　　　　大学の心理相談室（臨床心理士などの専門家が常勤するところ）
　　　　　　　　リハビリテーション・言語療法
　　　　　　　　親の会（ADHDやLDに関する親の会などは全国規模である）
　　　　　　　　民間の社会資源（特別な教育システムでの私塾など）

　筆者は臨床心理士であるが，保育所や幼稚園で担当者から日頃，ケースの相談を受ける機会がある。その中で感じることは，専門家（臨床心理士や児童精神科医）が園に行き，定期的に事例検討会を行なうことによって，早期に「気がかり，心配な」子どもたちについて介入できるのではないかということである。これからさまざまな問題を抱えた子どもたちも増えていくことが大いに予想され，保護者のニーズに応えて，保育所や幼稚園の担当者による適切な対応への期待はますます高まる。その一方「気がかりな子ども」がいたときに，タイミングよく機能するシステムづくりが冷静な担当者の日常的な努力を出発点として構築されなければならない。

参考文献
（1） 馬場禮子・青木紀久代（編）保育に生かす心理臨床　ミネルヴァ書房　2002。
（2） 川瀬正裕・松本真理子・松本英夫（編）心とかかわる臨床心理　ナカニシヤ出版　1996。
（3） 若林慎一郎・本城秀次（編）精神保健　ミネルヴァ書房　2001。
（4） 内田照彦・増田公男（編）発達・学習・教育臨床の心理学　北大路書房　2000。
（5） 実践障害児教育　学習研究社　2002．8月号。
（6） 現代のエスプリ414　至文堂　2002．1月。
（7） モニカ・マクゴールドリック，ランディ・ガーソン（石川元・渋沢田鶴子訳）ジェノグラムのはなし　東京図書　1988。

（松下　恵美子）

コラム

母子画と対象関係

　母子画とは，ジャクリーン・ジレスピー（1994）によって発案された描画テストである［邦訳　「母子画の臨床応用」　金剛出版　（2001）］。施行のための教示はいたって簡単で「母親と自分を描いてください」のみである。今までにさまざまな描画テスト，例えば人物画（Draw A Person test）や家族画（Family Drawing Test）が世に出ているが，母子に注目したものはなかったのは意外といえば意外である。ジレスピーによれば，「母」と「子」ではなく「母子」というユニットにこそ意味があるという。敬虔な祈りを誘う聖母子像や中世の絵画のテーマ以来，重用されていることとも繋がるが，母子画の中には，人生早期における最も重要な関係—後の関係の原型—が現れるという。

　対人関係は，乳児の出生早期から既に始まっている。生後3週間目頃になると，赤ん坊は覚醒した状態で，ピッチの高い人の声に微笑反応を生じる。その後，声を伴わない人の顔だけでも同じことは起きる，社会的微笑が登場する。母親に抱かれ見つめ合いながら授乳することや声かけに伴って微笑反応は促され，聴覚的，視覚的刺激によって引き起こされるもので，周囲の人間から子どもへの養育活動を強化する。このような形で社会的な対人交流は始まるのである。そのうち見つめ合っていた目と目は，母親の指差しから共同注視*へと移り，スターンがいう情動調律**に達する。同時に母子間の愛着が形成され始め，人見知り，後追い行動を招来する。著者は子どもにとっては記憶にない，このような体験こそ，無意識といわれる形の「記憶」として子どもに内在化され，それが母子画を通して投影されると考えている。母子画は古くて新しいものであり，最早期の微妙な時期を映し出すメディアとして今後，更に注目され検討されると期待する。

　　＊　母親が指さししながら視線を移すことに伴い，母親の視線を赤ん坊がたどるという形で目標物へ注意が向けられる。母親と赤ん坊がともに同じ目標物をみる。
　　＊＊　母親が乳児の声や行動を大雑把に真似して応答すること。たとえば，乳児が大きく身体を揺らして遊んでいると，母親も同じような動きをするなど。

（松下　恵美子）

> コラム

「結婚」の条件

　結婚とは不思議なものだ。生まれも育ちも価値観も異なる男女が，人生の大半を共に暮らしていくわけだが，はてさて，この航海（後悔？）のパスポートとはなんだろう？
　「結婚するまでは相手を両目で見て，結婚後は片目で見るものだ。」という先達の言葉を承知はしていたが，現実はなかなかむずかしい。幾年も過ぎれば互いの欠点が目立ち，声ばかり大きくなって，なかなか肝心なことが伝えられない。一方では肝心なことを聞こうとしない。どうやら，コミュニケーションの巧拙が結婚生活のコツなのかもしれない。
　養護学校に勤務している折，先輩から「コミュニケーションは聞くことから始まる」といった内容を学んだことがある。「聞く」といえばすぐに聴覚を思い出すが，人間はもっと多くの能力で「聞くこと」ができるのではないだろうか。
　松尾芭蕉の有名な句に「古池や　かわず飛びこむ　水の音」がある。静寂な中の水音が，一層，古池の静けさを引き立たせたと思っていたが，どうやら蛙は水の中に飛びこむ時に音を立てないらしい。するとこの「水の音」を芭蕉はどうして聞いた？　…目で聞いた？！　心で聞いた？！
　結婚も永年過ぎれば，夫婦間の発信は微弱になりがちである。「つれあい」からの微弱な発信を耳や目でそして心で聞いて，こちらからの思いをあまり多く伝えすぎないことが良好なコミュニケーションのコツという気がする。
　「耳や目は二つある。口は一つ。」である。これからは，しっかり聞いたうえで伝えることを厳選してみよう。
　このコラムを機に20年以上前の洋画を思い出した。結婚を申し込む青年と相手の娘の父親が交わすワンシーンに印象深いやりとりがあった。
　「どうして結婚しようと思ったのかい？」と父親が尋ねる。
　「結婚以外考えられないほど，愛するようになりました。」との青年の言葉に，微笑んだ父親はゆっくりと首を振りながら……
　「好きだから結婚するんだ。そして次第に愛していくんだよ。結婚とはそういうものだ。」

　結婚という航海の時間は多分に長いものだろう。時間をかけて愛していけるようなパートナーをさがすことが，結婚の本当の条件かも知れない。
　ところで，女性から見た理想の夫の職業は考古学者というジョークがあった。そのころは，対象物が古くなればなるほど興味をもつとのこと。
　「女房の価値」を「畳」から「ワイン」へと変える努力を御一緒してみませんか。

（三反田　和人）

索　引
（＊は人名）

ア　行

愛着 …………………………………… 33,58
アイデンティティ ……………… 7,34,70,153
アイデンティティの探求 ……………… 68-73
＊アクスライン，V.M. …………………… 106
アスペルガー症候群 …………………… 160
アセチルコリン …………………………… 46
アルツハイマー病 ………………………… 46
安全基地 ……………………………… 64,68
育児不安 ………………………………… 140
移行対象 ………………………………… 63
意識 ……………………………………… 26
癒し ………………………………… 31,57-72
＊ウィニコット，D.W ……………… 60,63-64
＊ウェクスラー，D. ……………………… 87
ウェクスラー式知能検査 ………………… 87
＊内田勇三郎 …………………………… 90
うつ病 …………………………………… 150
運動会 …………………………………… 3
AS ……………………………………… 160
ADHD …………………… 42,116,159,183
HTP ……………………………………… 89
HTPP 法 ………………………………… 109
エディプス・コンプレックス …………… 63
MMPI（ミネソタ多面人格目録） ……… 88
＊エリクソン，E.H. ………………… 34,58-72
LD ………………………………… 117,164
　　言語性—— ………………………… 165
　　非言語性—— ……………………… 165
遠城寺式・乳幼児分析的発達検査表 …… 176

カ　行

絵画療法 ………………………………… 108
海馬 ……………………………………… 46
カウンセリング ………………………… 179
抱える環境 ……………………………… 60
核家族化 ………………………………… 71
学習障害　→LD
過剰適応 ………………………………… 29
過食嘔吐症 …………………………… 125
学校 ……………………………………… 13
学校不適応 …………………………… 127
刈り込み ………………………………… 49
環境ホルモン …………………………… 43
かんしゃく …………………………… 115
寛大効果 ………………………………… 94
観点 ……………………………………… 18
管理職 …………………………………… 15
『北風と太陽』 …………………………… 14
基本的信頼感 …………………………… 60
基本的生活習慣 ………………………… 7
虐待 ……………………………………… 35
虐待者 ………………………………… 142
　　——の続柄 ……………………… 140
ギャング・エイジ ………………… 65,66,71
共感の理解 …………………………… 101
拒食症 ………………………………… 125
去勢不安 ………………………………… 63
「キレる」行動 ………………………… 42
具体的情景 ……………………………… 3
＊倉橋惣三 ……………………………… 14
＊クレペリン，E. ………………… 90,147
クレヨンしんちゃん …………………… 4
けんか …………………………………… 5
原始の感情 …………………………… 148
行為障害 ……………………………… 117
好奇心 …………………………………… 11
口唇期 …………………………………… 58
行動主義 ………………………………… 26
行動療法 ………………………………… 32
広汎性発達障害（PDD） ………… 118,161

189

合目的的	177
肛門期	61
心と心のぶつかり合い	13
個人的傾向	15
個人的特徴	16
子どもの心理療法	14
子どもの目線に立った保育・教育	14
個別的に関わるべき事態	16
個別的理解	17

サ 行

再接近期	152
作業検査法	89
＊サリバン, H.S.	27, 30, 35, 65
参加観察	93
自我同一性	8
自我同一性の感覚	8
自我の育ち	115
自我防衛	148
自己一致	101
自己像	9
自己の体験	16
自主性	63
自然観察法	92
自尊心	10
実験観察法	92
実験心理学	12
実践研究の素材	18
実践者の深まりと進展	19
実践の環境	15
疾風怒濤の時代	66
質問による非指示的リード	102
児童期	65-66
児童虐待	137
シナプス	41, 43
"自分"の発達	57-61
自閉症	183
自閉症児	117
自閉症スペクトラム障害	161
社会性	65
受容	102

受理（インテーク）面接	79
情動調律	60
職業の中断	9
事例研究	17
シングルマザー	177
神経細胞	48
神経伝達物質	43
心身症	30
新生児期	57-61
心的外傷後ストレス障害 →PTSD	
新任教員・若手教員	6
親密性	10, 69
信頼性	86
心理査定面接	78
心理的外傷	138
心理臨床の実践活動	12
＊スターン, D.	60
スチューデント・アパシー	36
ステレオタイプ（紋切型）的認知	95
スモールステップ課題	183
性格検査	88
性器期	66
成人期	69
精神遅滞	183
精神分裂病　→統合失調症	
成長を続ける保育者	11
性的虐待	138
性同一性障害	67
青年期	66-69
──境界例	64
──の延長	72
世代性	9, 70
摂食障害	125
セロトニン	44
前頭葉	42
潜伏期	65
躁うつ病	150-151
相互性	11

タ 行

退行現象（赤ちゃん返り）	127

索　引

対象恒常性…………………………63
対人関係能力………………………4
対人関係的に未熟な幼児…………10
第二次性徴…………………………66
第二反抗期…………………………115
タイムトリップ現象………………163
妥当性………………………………86
男根期（エディプス期）…………63
知覚…………………………………25
父親アイデンティティ……………6
チック（症）………………………130
　　運動――……………………130
　　音声――……………………130
知能検査……………………………87
知能指数(IQ)………………………87
チャム…………………………66,68,71
注意欠陥多動性障害　→ADHD
中年期の危機………………………9
積み木遊び…………………………107
TAT（主題統覚検査）……………89
停滞…………………………………9
手加減しない子ども………………3
適応…………………………………28
テスト・バッテリー………………91
トイレット・トレーニング……62,126
同一性………………………………34
トゥーレット症候群………………131
投映法………………………………88
動的家族画法………………………110
統合失調症……………………34,147
統合性………………………………70
ドーパミン…………………………45
ドメスティック・バイオレンス…141

ナ　行

斜めの関係…………………………68
二次障害……………………………117
ニュー・オブジェクト……………68
乳児期……………………………57-61
乳幼児の行動チェックリスト……176
ニューロトロフィン………………48

人形遊び……………………………108
人間関係…………………………5,15
人間関係体験………………………8
認知…………………………………25
認知行動療法………………………32
ネグレクト……………………118,138,139
粘土遊び……………………………106
ノルアドレナリン…………………45
ノンバーバル（非言語）…………182
ノンレム睡眠………………………44

ハ　行

パーキンソン病……………………46
排泄の自立…………………………125
＊パイン, F.…………………………61
バウム・テスト……………………89
発達検査……………………………87
パニック発作………………………46
ハロー効果（光背効果、後光効果）…94
反射・明確化………………………102
PTSD………………………131-132,142
被虐待者……………………………144
非言語性……………………………177
一人でいられる能力………………63
＊ビネー, A.…………………………87
ビネー式知能検査…………………87
描画法………………………………89
風景構成法…………………………89
父性…………………………………49
不適応………………………………28
フラッピング………………………163
＊フロイト, S.…………………26,57-66
＊ブロイラー, E,……………………147
＊ブロス, P.…………………………67
分離―個体化………58-59,62-63,68-69,152
　　第二の――………………………67
分離不安……………………………129
平均的勤続年数……………………9
保育技術……………………………10
保育指針……………………………14
暴力のサイクル………………142,143

191

＊ボウルビィ, J. ……………………33,58
＊ホーナイ, K. ………………………36
＊ホール, G.S. ………………………66
　保護者…………………………………15
　母性……………………………………49
　ほどよさ………………………………64

マ　行

＊マーラー, P. ………………58-59,62-63
＊マーレイ, H.A. ……………………89
　水遊び………………………………107
　見立て…………………………………11
　見通しをもった保育…………………11
　無意識…………………………………26
　無条件の肯定的関心………………101
＊メスメル, F.A. ……………………32
　妄想…………………………………148
　モラトリアム…………………………68

ヤ　行

　矢田部・ギルフォード性格検査………88

＊矢田部達郎…………………………88
　遊戯療法……………………………106
　指絵遊び（フィンガー・ペインティング）・106
　幼児虐待………………………………4
　幼児後期………………………………61
　幼児前期………………………………61
　幼稚園教育要領………………………13
　抑うつ的感情………………………152
　欲求不満耐性………………………115

ラ・ワ行

　来談者中心療法……………………101
　ラポール……………………………102
　リビドー…………………………57-65
　臨床心理学……………………………12
　レム睡眠………………………………44
　ロールシャッハ・テスト……………89
＊ロジャーズ, C.R. …………………101
　ワーキングメモリー…………………45

執筆者プロフィール（執筆順）

高尾兼利（たかお・かねとし）　序章，コラム，編著者
　佐賀短期大学幼児教育学科教授。臨床心理士。
　☆3つの願い
　　①自由気ままに釣りをし，釣った魚を調理して食する。こうした時間を1週間過ごす。
　　②個人契約の心理面接だけで生活する。10年間でいい。
　　③小説をものにする。
　☆生まれ変われるなら…
　　有能で情熱的な，バスケットボールのコーチ。

勝見吉彰（かつみ・よしあき）　第1章
　県立広島大学保健福祉学部准教授。
　☆子どもの頃の3つの願い
　　①犬を飼うこと。
　　②建築家になって美しい高層ビルを建てること。
　　③パイロットになること。
　　犬を飼うことだけはなんとか実現した。
　☆生まれ変われるなら…
　　子どもの頃は，ウルトラマンや仮面ライダーになりたかった。その理由は，世界の平和を守るためでも何でもなく，ただスペシウム光線を出したり，サイクロン号に乗ったりしたかったから。

平山　諭（ひらやま・さとし）　第2章，第7章Ⅳ，第8章，編著者
　倉敷市立短期大学専攻科保育臨床専攻教授。
　☆3つの願い
　　①料理が好きなので，本格的なキッチンが欲しい。
　　②「ドラえもん」を超えるアニメ番組を創りたい。
　　③妻の気持ちをもっとわかってあげたい（？）。
　☆生まれ変われるなら…
　　小説家。

渡辺　亘（わたなべ・わたる）　第3章
　大分大学教育福祉科学部附属教育実践総合センター准教授。臨床心理士。
　☆子どもの頃の3つの願い
　　①絵本『からすのパンやさん』（かこさとし著）の世界にいってみたい。

②友だちと大オーケストラを組んで演奏してみたい。
　③世界中を旅して回りたい。
☆生まれ変われるなら…
　とびきりおいしいものを創る料理人や，とてもきれいなものを創る職人・芸術家。

山田俊介（やまだ・しゅんすけ）　第4章
　香川大学教育学部教授。臨床心理士。
☆子どもの頃の3つの願い
　①故郷（ふるさと）といえる場所がほしい。
　②よい出会いがあってほしい。
　③よりたくましく，自信をもてるようになりたい。
　①②は他県の小学校へ3度転校したことに由来します。そして周囲を意識しがちになる自分に対して③と願っていたようです。
☆生まれ変われるなら…
　やはりカウンセラーでしょうか。こころの世界はそれだけ奥深く魅力的に感じます。

辻河昌登（つじかわ・まさと）　第5章
　兵庫教育大学大学院学校教育研究科准教授。臨床心理士，学校心理士。
☆3つの願い
　①フリーになってやりたい仕事だけをやって生活する。
　②年に一度は3カ月丸ごと休暇を取って海外で過ごす。
　③書の個展を開く。
☆生まれ変われるなら…
　幼少期から修行を積んで，吉本新喜劇のお笑い芸人として活躍したい！

田口香津子（たぐち・かづこ）　第6章
　佐賀女子短期大学子ども学科教授。臨床心理士。
☆子どもの頃の3つの願い
　①大きなプリンで作ったプールで泳ぎながら，おなかいっぱい食べてみたい。
　②アメリカのディズニーランドに行ってみたい。
　③家族全員で仲良く暮らしたい
　①は今と同様，食い意地が張っていたから。②テレビの向こう側のすてきな世界を夢見ていました。わーい，37歳になって実現した！　③障害児施設で暮らす弟もいたし，両親や祖母との関係など，子どもながらに，家族の幸せを自分なりに考えていたっけ。
☆生まれ変われるなら…
　やっぱりことばを使える人間に。愛するという本質を体得した人になりたい。欲を言えば，時々，行きたいところへ自由に行ける透明な風に変身したいなぁ。

執筆者プロフィール

浴野雅子（えきの・まさこ）　第7章Ⅰ，Ⅱ，Ⅲ，Ⅴ，Ⅵ
　広島文教女子大学人間科学部初等教育学科准教授。臨床心理士。
　☆子どもの頃の3つの願い
　　①大きくなったときの自分を見られる鏡がほしかった。
　　②世界中を旅してみたい。
　　③きれいなドレスを着てみたかった。
　☆生まれ変われるなら…
　　ガラパゴス諸島のゾウガメ。

松下恵美子（まつした・えみこ）　第9章，コラム
　臨床心理士・医学博士。
　☆3つの願い
　　①魔法の杖を持って
　　②魔法の箒にまたがり
　　③透明マントを手に入れたいですね。
　☆生まれ変われるなら…
　　ハリー・ポッターにはまっているポッタリアンとしては，ダンブルドアです。

天野珠路（あまの・たまじ）　コラム
　厚生労働省保育指導専門官。
　☆3つの願い
　　①（粋な暮しを）はんなりと。
　　②もう一度アイルランドに行きたい。
　　③保育と文化を繋ぐ仕事ができたら……。
　☆生まれ変われるなら…
　　美人で詩人。

三反田和人（さんたんだ・かずひと）　コラム
　和歌山県立はまゆう養護学校長。
　☆子どもの頃の3つの願い
　　①ズバリ身長！　小柄だったので。
　　②思春期，すてきな彼女。
　　③青年期，やりがいのある仕事と暖かい家庭。
　☆生まれ変われるなら…
　　小学校6年生の卒業文集には「名探偵シャーロック・ホームズみたいに難事件を解決したい」と書いた記憶があります。おとなになって厳しい現実は認識していますが，憧れという点では「名探偵」です。

松岡英通子(まつおか・えつこ) コラム
BAR LACA LOCA CUARUTO ママ(和歌山市 0734-31-4785)
☆3つの願い
①宝くじに当たる。
②若返りの秘薬を手に入れる。
③ジョニー・デップ(俳優)と再婚する。
☆生まれ変われるなら…
歌って踊れる超能力者。

保育と教育に生かす臨床心理学

| 2003年4月20日 | 初版第1刷発行 | 検印廃止 |
| 2011年2月20日 | 初版第7刷発行 | |

定価はカバーに
表示しています

編 者	高尾	尾山	兼	利諭
	平		啓	
発 行 者	杉田			三
印 刷 者	中村		知	史

発行所 株式会社 ミネルヴァ書房

607-8494 京都市山科区日ノ岡堤谷町1
電話 075-581-5191 ／ 振替 01020-0-8076

Ⓒ 高尾, 平山ほか, 2003　　中村印刷・清水製本

ISBN978-4-623-03798-8
Printed in Japan

発達心理学の基礎と臨床

保育士・幼稚園教諭養成課程，小学校教諭養成課程で発達心理学を学ぶ初学者や，発達心理学に興味のある子育て中の保護者（とくに母親）を対象とした入門書。

ライフサイクルからみた発達の基礎
――平山　諭・鈴木隆男編著

ライフサイクルの個性化，現代化に照準をあわせ，発達心理学を理解するための基礎知識を図表・写真，事例でわかりやすく解説する。

脳科学からみた機能の発達
――平山　諭・保野孝弘編著

「脳の不思議」が解明されつつある。日々進歩する脳科学の視点をとおして，身体の発達と心の発達を考える。

発達の臨床からみたこころの教育相談
――平山　諭・早坂方志編著

保育・教育の現場に生かす教育相談の理論と実践をわかりやすく解説。

――― ミネルヴァ書房 ―――
http://www.minervashobo.co.jp/